Como caminham os filósofos

ROGER-POL DROIT

Como caminham os filósofos

Tradução
Marcelo Mori

martins fontes

Esta obra foi originalmente publicada em francês sob o título *Comment marchent les philosophes*, mediante acordo com a agência literária Astier-Pécher.

Publisher *Evandro Mendonça Martins Fontes*
Coordenação editorial *Vanessa Faleck*
Assistente editorial *Ana Fernandes*
Preparação *Mariana Echalar*
Revisão *Renata Sangeon, Lucas Torrisi, Bárbara Parente*

Dados Internacionais de Catalogação na Publicação (CIP)
Angélica Ilacqua CRB-8/7057

Droit, Roger-Pol.
Como caminham os filósofos / Roger-Pol Droit ; tradução de Marcelo Mori. – São Paulo : Martins Fontes – selo Martins, 2025.
208 p.
Bibliografia
ISBN 978-65-5554-096-3
Título original: *Comment marchent les philosophes*

1. Filosofia – História 2. Filósofos - Biografia I. Título II. Mori, Marcelo.

25-3075 CDD 109

Índice para catálogo sistemático:
1. Filosofia – História

Martins Editora Livraria Ltda.
Alameda Jaú, 1742
01420-006 São Paulo SP Brasil
Tel.: (11) 3116 0000
info@emartinsfontes.com.br
www.emartinsfontes.com.br

Dedico este livro a todos os que andam
e não se contentam em apenas funcionar
e a Monique, minha companheira,
porque andamos juntos há quinze anos.

"Vemos pelo andar de cada um se ele encontrou seu caminho.
O homem que se aproxima do objetivo não anda, mas dança."

Nietzsche

Agradecimentos

Meu caloroso agradecimento a Marie-Christine Guérin por ter sugerido esta caminhada e acolher este texto com amistosa confiança.

Minha gratidão vai também para Fabienne Reichenbach, que acompanhou a marcha deste livro nas Edições Paulsen.

A ajuda de Nicole Atlan-Tiano foi inestimável para a redação do manuscrito.

Monique Atlan, minha companheira, compartilhou desses passeios e, sem ela, eles não seriam alegres.

Sumário

Terceiro passeio

Quarto passeio

"Ando como filósofo"

PRIMEIROS

PASSOS

ANDAR ERETO

Do que se trata?
De cair sem cair,
e recomeçar,
e assim por diante.
Isso se chama andar.
Deslocar-se em equilíbrio sobre o chão,
mas também pelas palavras
e pelo pensamento.

Para começar, encontre um terraço com vista para a rua. É melhor que seja no quinto ou sexto andar. Se estiver em um andar baixo, você não vai conseguir observar direito. Se o andar for alto, você corre o risco de não discernir todos os detalhes importantes.

Quando tiver encontrado esse terraço, comece simplesmente a observar as pessoas que passam pela rua. Com atenção, é claro.

Não são casacos e chapéus que se deslocam pela calçada e atravessam as ruas. De imediato, você percebe, sente e sabe que se trata de seres humanos, e não robôs, autômatos ou imagens humanas. Mas como você percebe isso? Como tem certeza?

Porque eles andam.

De um jeito muito especial, que nós nos esquecemos de contemplar. Não percebemos mais, porque nos é familiar. No entanto, essa deambulação é tão particular que nenhuma máquina consegue imitá-la de maneira perfeita. Até hoje, nenhum robô conseguiu realizar completamente essa série de gestos particulares, mínimos, humanos.

Porque esses corpos que andam, logo abaixo, avançam passo a passo, colocam um pé na frente do outro, e, em seguida, o outro na frente do primeiro. Evidentemente. Mas não é só isso. Eles fazem muito mais que isso.

Se observar bem esses seres humanos, vistos de cima, andando, logo notará o espetáculo singular. Gingados curiosos, jeitos estranhos de avançar, sempre em desequilíbrio, reerguendo-se e perdendo o equilíbrio outra vez. O andar parece simples, espontâneo, automático. Na verdade, é resultado de um longo aprendizado, de um incrível esforço realizado na primeira infância por cada um de nós para passar do rastejar para o engatinhar, e do engatinhar para o andar ereto, que é exclusivamente humano.

Também é o resultado de uma imensa evolução de toda a espécie – ou mesmo de todos os seres vivos, desde os invertebrados até os mamíferos – para passar do deslocamento a essa estranha progressão sobre dois pés. Mas o que isso tem de estranho, então? Um fato único: o deslocar-se ereto.

Entre todas as espécies, apenas o ser humano se desloca ereto. O que chamamos de "andar" é andar ereto. Há milhões de anos, deixamos de andar sobre quatro patas. Também deixamos de ir de um lugar a outro com as quatro mãos, as dos grandes primatas, cujas mãos, úteis para agarrar cipós, galhos e quase tudo mais, também servem para andar. Nossos pés não precisam mais da ajuda de mãos com dedos fechados para se apoiar no chão. Nós nos levantamos para andar.

Essa situação conhecida, extremamente banal, continua sendo um enigma. De tão familiar, tornou-se opaca. Naquilo que conhecemos bem costuma subsistir algo que nunca foi interrogado. É nele que se deve prestar atenção.

Queda provocada e evitada

Vamos observar, de novo, do alto do terraço. Que balé espantoso! Veja como cada um dos passantes tem um estranho modo de avançar o pé, colocá-lo no chão, lançar imediatamente o outro, colocá-lo no chão, e recomeçar com o pé inicial... Visto de cima, poderíamos dizer que todos querem percorrer, pouco a pouco, cada metro de chão, com a perna que avança. O que os braços fazem? Olhe bem: alguns os balançam, outros os mantêm mais ou menos parados, mas o torso sempre reequilibra o movimento das pernas.

Observe o movimento do conjunto, olhe quanto for necessário. Em pouco tempo você terá uma evidência sob os olhos: andar é um começo de queda, o início de uma queda, que primeiro é provocada por nós, depois evitada, depois recomeçada, depois evitada... indefinidamente. Colocar um pé na frente do outro é quase cair e equilibrar-se, é quase cair de novo e equilibrar-se outra vez, sem parar. O movimento é produzido por esse início de queda constantemente repetido e evitado. Sabemos disso de maneira intuitiva. Quase nunca pensamos nisso, apesar de a maioria de nós andar todos os dias.

Não percebemos mais essa singularidade do andar humano, porque controlamos a situação. Seguimos em frente sem pensar nisso. Nós nos tornamos tão estáveis nesses movimentos alternados, tão hábeis em manejar o jogo permanente dos desequilíbrios e dos reequilíbrios que o mecanismo básico nos escapa. Nós nos mantemos eretos, não temos a impressão de cair nem de desencadear uma desestabilização. Simplesmente andamos. No entanto, não é tão simples.

Observe de novo os passantes, seu gingado regular. Vistos de cima, dão a impressão de manter os membros superiores do corpo praticamente parados. Projetam para a frente, de maneira alternada, uma perna e depois a outra, como se empurrassem à frente um objeto invisível. Alguns vão rápido; outros, devagar. Alguns se deslocam com dificuldade, rebolam mais que os outros. Outros se atrapalham por causa do excesso de peso ou do peso da idade. Ainda assim, todos andam.

Mais rápido, mais devagar, de maneira esbelta, saltitante, elegante, pesada, arrastada... Pouco importa. Na realidade, todos têm a mesma tática – você já sabe, lógico, mas se esqueceu: encadeamos continuamente começos de queda e reequilíbrios, microdesequilíbrios e reequilíbrios, começamos a cair para a frente, reequilibramo-nos e projetamos a outra perna para a frente. Mas essa perna nos faz cair para a frente, então nos reequilibramos projetando de novo para a frente a primeira perna. Há, portanto, esboços de queda, indefinidamente repetidos, seguidos de reequilíbrios indefinidamente repetidos.

Será que vou ter de provar que não sou o único a ter percebido essa queda permanente provocada-evitada do andar humano para que não reste nenhuma dúvida sobre a minha descrição? Na *Enciclopédia* de Diderot e D'Alembert, o *chevalier* de Jaucourt, no verbete "Andar", já enfatizava essa estranheza[1]. Mais próximo de nós, um dos maiores especialistas nessa questão escreveu:

> A forma humana de andar é uma atividade diferente de qualquer outra, durante a qual o corpo, a cada passo, beira a catástrofe. A deambulação do bípede humano tem a aparência de uma catástrofe potencial, pois é somente o movimento ritmado empurrando para a frente uma perna e depois a outra que o impede de quebrar a cara[2].

Se você é realmente cético, pode replicar dizendo que esses autores e eu estamos enganados, e que um erro compartilhado não o torna verdade. Admito. Mas, então, faça uma experiência simples.

Fique em pé, imóvel, com os pés juntos. Leve o pé direito para a frente, mas não o coloque imediatamente no chão. Assim, você não vai para a frente. Para começar a andar, você precisa colocar

---

1 Um extrato de seu texto encontra-se nas páginas 156-7 deste livro (quando falamos sobre Diderot).

2 John Napier, "The Antiquity of Human Walking", *Scientific American*, v. 216, n. 4, 1967, p. 56-67.

esse pé no chão. Mas como? Ou você o coloca imediatamente no chão, perto do pé esquerdo, sem nenhum impulso, e, nesse caso, você fica parado sobre os seus dois pés, com o pé direito na frente; ou você projeta o pé direito para a frente, a uma distância razoável, com um impulso do corpo todo, e, nesse caso, das duas, uma: se você não projetar para a frente o pé esquerdo com a perna esquerda, você cai; se você projetar o pé esquerdo para a frente do pé direito, você evita a queda. Você anda...

É esse movimento duplo que nos faz ir para a frente. Ora, esse movimento é muito peculiar: ele se contraria, opõe-se a si mesmo, autodestrói-se continuamente, ou melhor, combate-se o tempo inteiro e, ao mesmo tempo, prolonga-se, mantém-se e perpetua-se. Nós nos precipitamos continuamente no desequilíbrio para cair em pé. Estáveis na instabilidade. Alimentando o desequilíbrio, instalando-nos nele, organizando-o. É dessa maneira que nos deslocamos. É esse jeito de andar que nos caracteriza.

Ok, já entendi. Não precisa repetir. Não pensemos mais nisso.

Não! Muito pelo contrário, o que proponho é pensar nisso, aprofundar essa constatação: andar é uma miniqueda, provocada-evitada, desencadeada-interrompida. Quero ver mais claramente, interrogar essa evidência, buscar o que está oculto nessa maneira de ir para a frente por meio de esboços de desmoronamentos que é sempre continuado e sempre evitado. Gostaria, na medida do possível, de tirar algumas conclusões que, no mais das vezes, esquecemos de levar em conta, porque não perdemos tempo pensando nisso.

No meio disso tudo, inúmeras questões aparecem: será que se trata realmente de uma queda, ou é apenas o começo dela? Por que escolher como estilo de locomoção esse gingado, esse evitamento permanente, esse equilíbrio instável? Será que isso revela alguma coisa do ser humano? Dos corpos, da linguagem, do pensamento, da nossa vida? É lógico que sim. Mas como?

Apenas um passo

Vamos proceder por ordem. Quando há muitas interrogações, precisamos dar um tempo, senão as perguntas se sobrepõem, embaralham-se e se enroscam. Chamamos de "andar" atividades dessemelhantes, que antes de tudo devem ser distinguidas. Assim, eu gostaria de começar pelo mais simples: para andar, quantos passos temos de dar? Dois, três? Ou milhares?

Podemos dizer que uma criança anda a partir do momento em que consegue dar alguns passos. Mas o adulto que não faça caminhadas, não participe de *trekkings*, não faça nem mesmo um passeio a pé, afirmamos que ele não anda, o que é verdade, em certo sentido, mas, em outro, é evidentemente falso.

Acabamos achando que andar deve ser considerado uma atividade completa. Restringimos a nossa representação da caminhada aos longos percursos, aos trajetos de várias horas. Assim, fazemos "uma caminhada" – na montanha, na floresta, no campo, na praia – como se andar tivesse de ser obrigatoriamente uma atividade específica, que existe por si mesma – e não um gesto humano primitivo, uma maneira de ser no mundo original, elementar, essencial.

Essa singularização do andar é compreensível nas sociedades em que todos os deslocamentos são mecânicos, motorizados, entregues às máquinas. Nos mundos antigos, e ainda hoje em alguns lugares tradicionais, essa distinção não existe. Deslocar-se, ir a algum lugar, caçar, cultivar, viajar, visitar pressupõe sempre andar

– uma hora, várias horas, às vezes dias inteiros – e isso é tão simples quanto ir da cama até a porta.

Todavia, hoje temos – nós, mecanizados, transportados em pé ou sentados, de metrô ou de avião, de trem ou de carro – a impressão de que às vezes devemos dedicar-nos integralmente ao andar. À medida que a caminhada se prolonga, ela nos aprisiona, invade-nos, transforma nossos gestos, o ritmo da nossa respiração, a pulsação do nosso coração. Ela também configura nossos pensamentos de outra maneira. O andar como atividade central, ao qual nos dedicamos e nos entregamos, traz ao pensamento uma série de modificações, tanto novos estímulos como inibições particulares que transformam seu curso.

Essa volta ao longo caminhar nos reinsere na natureza, na lentidão da progressão corporal, na resistência dos músculos e do fôlego. Esse caminhar nos reintegra à paisagem, faz-nos tomar consciência concretamente dos relevos, das distâncias, do chão. Ele nos devolve aos ritmos antigos, profundos, cósmicos, ao cansaço dos deslocamentos, à recompensa das paisagens que se desvendam de repente ao passarmos por um desfiladeiro ou pelo topo de uma montanha. Todos esses aspectos do longo caminhar – sejam físicos, psicológicos, morais, literários, filosóficos... – foram amplamente redescobertos e celebrados nos últimos tempos[3].

Mas essa exploração multiforme dos efeitos da caminhada acabou escondendo uma evidência mais simples e mais universal: o do próprio andar – de dois passos, de três passos, de vinte ou de cem passos, pouco importa... – que é o nosso modo humano de nos deslocar. Apesar de sermos sedentários, inativos, quase impotentes, se somos capazes de nos levantar, de ir de uma mesa a uma

---

3 Ver as obras citadas no anexo.

cama, de uma cama a uma poltrona, nós andamos. Quase nada, admito; mas, ainda assim, andamos. Indiscutivelmente.

Sem dúvida, compreendo que exista uma diferença entre dar três passos e fazer três dias de caminhada. Admito que se trate de mundos muito diferentes. Concordo que seja necessário explorar o que os separa. Porém, insisto que a primeira coisa a fazer seja anular essa distância, seja fazer como se, em todo caso, se tratasse apenas de andar – realizar esse movimento, tão simples e tão complexo, que é feito quando colocamos um pé na frente do outro. É do fato de andar, em sua singularidade inicial, que devemos começar.

Ninguém pensa em uma caminhada ou em um passeio quando dizemos que uma criança anda, quando perguntamos se um paciente recém-operado pode andar, quando esperamos que uma pessoa idosa ainda seja capaz de andar. Todos falam desse simples e enigmático deslocamento ereto, de um ponto a outro. Devo insistir nisto: ele nos define.

Andar, falar, pensar... É tudo a mesma coisa?

Enquanto seres humanos, somos "seres andantes". O andar pode definir o ser humano assim como a palavra e o pensamento. Só ele, entre todos os seres vivos, desloca-se dessa forma. É por isso que acho que não podemos contentar-nos em justapor essas definições do ser humano: ser andante, ser falante, ser dotado de razão. Precisamos explorar os laços dessas definições, examinar uma eventual unidade entre elas; pois, aparentemente, erguer-se para andar foi o gesto que permitiu que nossa espécie falasse e pensasse. Quando o ser humano começou a andar, também começou a falar e pensar.

Aliás, acontece a mesma coisa com o indivíduo. É com a mesma idade que a criança se coloca de pé, consegue deslocar-se pouco a pouco – com muitas hesitações, dificuldades, tombos e mais tombos – e começa a adquirir mecanismos lógicos, possibilidades de nomear as coisas, compreender frases, expressar seus próprios pensamentos. Se admitimos que andar é ser humano, e que andar e pensar caminham juntos, estamos na pista de uma nova reflexão: quais caminhos conduzem o bípede que se desloca de pé, o animal andante ereto, ao animal falante-pensante?

É curioso termos reparado tão pouco no estreito parentesco entre o andar, a palavra e o pensamento. Lembramos com frequência como a palavra e o pensamento são ligados, assim como a frente e o verso de uma atividade. Basta conhecer um pouco de grego para saber que a definição do ser humano por Aristóteles como "*zôon logikón*" significa "ser vivo" ("*zôon*") ao mesmo tempo "falante" e "dotado de razão", "*lógos*" designa a palavra-razão, e o adjetivo "*logikón*" remete ao mesmo tempo a "capaz de falar" e "apto a pensar". Tanto um como o outro não podem ser nem separados, nem distinguidos. Mas e o andar? Como ele entra nessa história?

Qual é a relação entre o homem animal andante ereto sobre os dois pés e o homem animal falante-pensante? Apenas uma justaposição de qualidades, sem nexo entre si? Esse animal simplesmente andaria ereto, por um lado, e seria um ser falante-pensante, por outro. Mas os dois traços não teriam nenhuma relação profunda entre si, ou então existe um laço mais forte, mais profundo, ainda mal elucidado entre essas características humanas. Tendo a acreditar nesta segunda hipótese.

Este livro é construído em torno dessa relação entre andar, falar e pensar. Não passa pela minha cabeça afirmar que se trate de uma única e mesma atividade, o que seria absurdo, obviamente. Apesar de eu não ter a solução final nem o resultado definitivo, parece-me que o paralelo diz respeito a esse próprio movimento de cair e equilibrar-se que nos faz ir para a frente. Minha hipótese: essa mesma estrutura serve de alicerce para o nosso andar bípede, o nosso comportamento de ser falante e nossa atitude de ser pensante.

Quando falamos, passamos de uma palavra a outra para que a frase avance, para que o sentido progrida e seja transmitido. Cada palavra desemboca em silêncio. O que queremos dizer está sempre a ponto de desmoronar, desaparecer, sumir. A frase começada poderia... (se eu parasse aqui, haveria uma queda! Mas, não. Outra palavra retoma e dá continuidade ao sentido, como um passo seguinte...) morrer se não fosse estabilizada pela palavra seguinte, seguindo a sequência exigida pela sintaxe e pelo significado. Nesse sentido, nossas frases andam. Falar, assim como andar, é ir adiante com começos de quedas sucessivas, evitadas e repetidas.

Será que o pensamento funciona como o caminhar? Aonde nos levaria a ideia de que pensar e andar são gêmeos, interpelam um ao outro – em espelho, em correspondência, em conivência? Em que sentido pensar é erguer-se, não olhar mais para o chão, ficar em pé? Em que sentido caminhar é avançar, progredir? Para ir aonde? Por que pensar seria um movimento, uma forma de viagem?

Damos um passo a mais e aparece a hipótese de uma estrutura idêntica do pensar e do andar. Será que o pensamento também existe por esse movimento de quase cair e se reequilibrar? Mesmo correndo o risco de se anular para reexistir? Talvez a crítica das nossas ideias, seu exame racional, seja uma tentativa de fazê-las tropeçar. Uma objeção, uma análise crítica obrigatoriamente desestabiliza, questiona o que acreditávamos ser fixo e evidente. Examinar uma ideia é, em primeiro lugar, fazê-la perder a certeza, mas ela se defende, se recupera, encontra um novo apoio mais adiante, antes de ser questionada por outra objeção, e assim em diante.

Nesse sentido, nossos pensamentos andam. Quando são testados – e a filosofia constitui o ponto culminante desse exercício –, sua maneira de fugir para a frente se parece muito com o movimento de contrariedade interna, provocada e superada, que se encontra no âmago do andar. Caminhada e filosofia se encontram, sem dúvida, em um movimento parecido de quedas e reequilíbrios permanentes. O pensamento, sobretudo no exercício da filosofia, segue adiante provocando o risco do seu próprio desabamento, sempre o desafiando com um novo impulso, um novo salto.

Pouco importa a duração do percurso. Quando esse movimento acontece, andamos ou pensamos, seja por três segundos ou três dias. É possível, pelo pensamento filosófico, fazer grandes viagens, partir em longos périplos, aprofundar questões durante toda uma vida. No entanto, também é possível simplesmente pensar minuto a minuto, hora a outra, cotidianamente, nos atos concretos, aqueles que projetamos, nas respostas que deverão ser dadas às situações que surgirem. Em todo caso, pensar e andar se parecem. O pensamento também só progride pelo equilíbrio instável. Ele se desestabiliza e se reestabelece, indefinidamente, para ir mais longe.

Mais que metáforas

É normal distinguir o andar (o verdadeiro, o corporal) dos meios metafóricos de falar (o andar de uma narrativa, o andar de um raciocínio). Não acho que essa distinção deva ser anulada, porque isso significaria acreditar que *marcher dans sa tête* [andar dentro da sua cabeça][4] seria andar realmente, enquanto a mais trivial das experiências mostra que não é o caso: *O pensador*, de Rodin, não tem nada de caminhante... No entanto, insisto que essas maneiras de falar são mais que simples metáforas: elas remetem a uma realidade comum ao caminhar, à palavra e ao pensamento. Essa é a minha hipótese.

Contentar-se em falar de metáforas supõe que usemos o vocabulário do caminhar para falar de outras atividades apenas por comparação, por analogia. Entretanto, minha convicção é menos simples. Na realidade, se admitimos que exista uma relação forte entre os traços fundadores do ser humano (andar, falar, pensar), e se, além disso, constatamos que esses três traços têm uma estrutura em comum (a queda começada-evitada-reproduzida), somos obrigados a concluir que forma de realidade idêntica se encontra nessas atividades humanas aparentemente diferentes. Os registros são distintos, as modalidades são diferentes, isso é evidente. Entretanto, "algo" os une. Quando andamos, falamos, pensamos, em certo sentido fazemos a mesma coisa. Deixo aberta a questão de saber o que e por que (configuração do cérebro, exigências da evolução?). Contento-me em supor a existência dessa incógnita.

Aposto que o caminhar e a filosofia podem ensinar-nos muitas coisas sobre essa incógnita, tanto quanto nos ensinam algo um sobre o outro. Na verdade, entre ambos existe mais que uma proximidade: existe uma similaridade arquitetônica, uma analogia estrutural. Podemos discernir modos de funcionamento comparáveis e maneiras de ser análogas no caminhar e no pensar filosófico.

---

4 Expressão idiomática cujo sentido é "pensar, raciocinar". [N. E.]

Poderíamos dizer que a filosofia está sempre *en état de marche* [em condições de andar]. É claro que isso não significa "capaz de funcionar", em oposição a "estragado" ou "quebrado". A expressão indica que a filosofia só pode progredir graças a um modo de existência similar ao do andar: avançar caindo, evitar repetidamente a queda, recomeçar indefinidamente.

Para aprofundar essa intuição e explorar o que ela pode mostrar-nos, devemos concentrar-nos nas relações dos filósofos com o caminhar, o que também nos explicará, no percurso desse caminho, o pensamento de maneira geral. O pensamento não é exclusivo dos filósofos; mas, durante os séculos, foram eles que configuraram sua estrutura, moldaram suas características principais, delimitaram suas condições de exercício. É por isso que, para abordarmos de modo representativo a relação entre o caminhar e o pensar, tentaremos observar juntos os filósofos que caminham.

Investigar o detalhe dos gestos

São inúmeras as cenas em que os filósofos pensam e falam enquanto caminham, da Antiguidade até os nossos dias. Eles fazem da palavra refletida uma atividade comum à do corpo que começa a cair e evita a queda para avançar. Na verdade, eles não fazem diferença entre o progresso das análises e das reflexões, o andar das demonstrações, a progressão passo a passo dos argumentos e das objeções, e os tropeços e as deambulações do andar físico. Esses filósofos "falam-andam" ou "andam-falam", pouco importa: suas reflexões, orais ou escritas, adotam uma maneira de avançar que vem do caminhar.

Os retratos dos filósofos-caminhantes e a análise de cenas de caminhada na filosofia não indicam apenas a maneira com que esse pensador põe um pé na frente do outro ou quais articulações sutis ele elabora entre a atitude corporal e a intelectual. Tenho certeza de que, ao observarmos os filósofos andando, ao investigarmos seu gingado e suas deambulações, discernimos com frequência, ao mesmo tempo, o essencial de sua atitude filosófica. Vislumbramos "como eles andam"... em todos os sentidos.

Acho que não devemos separar as imagens fornecidas pelo caminhar da série de expressões – série extraordinária, onipresente – que une, de mil maneiras, o pensar e o caminhar. Ao longo de todo o desenvolvimento da filosofia, falou-se constantemente do "andar" do espírito, do "progresso" de uma doutrina, dos "passos" que o pensamento deu graças a uma descoberta. "Itinerários", "périplos", "caminhos" são constantemente evocados para designar... os percursos (decididamente não há como escapar!) do próprio pensamento.

De um jeito ou de outro, tenhamos consciência disso ou não, sempre imaginamos as filosofias – e até mesmo a totalidade de nossas reflexões, de nossas investigações intelectuais, de nossas abordagens cognitivas – como maneiras de andar, como deslocamentos espaciais feitos por nós. A base profunda da palavra e do pensamento na caminhada humana aflora em cada canto da página, a partir do momento em que prestamos atenção.

Vou seguir os filósofos que andam, examinar seus gestos e trajetos, trazê-los à cena para ver melhor, em detalhes, como eles se movem. Também vou ouvir filósofos falando da caminhada – a da humanidade, da história, do espírito, do progresso... – para trazer aos holofotes a conexão íntima que existe entre a caminhada e a filosofia, às vezes sem que uma ou outra percebam. Também vou tentar compreender o que a caminhada causa ao pensamento, observando seus pontos de impacto. Como o fato de caminhar – não apenas alguns instantes, mas horas, dias inteiros – pode modificar a reflexão, transformar a atitude filosófica?

"Dize-me como andas e te direi como pensas", eis o fio condutor da caminhada. Observando jeitos de andar, deambulações, trajetórias, vou tentar esboçar os gestos do pensamento.

Temos de parar de imaginar que os filósofos estão sempre parados. Eles não ficam perpetuamente sentados, escrevendo ou refletindo, tendo perto deles, em cima de escrivaninhas, livros, folhas, penas de ganso ou um teclado. Também não estão obrigatoriamente em uma sala de aula, estáticos. Essa representação do filósofo parado é moderna. Os antigos gregos ou romanos deambulavam com frequência enquanto falavam de filosofia. Não eram os únicos. Os pensadores medievais viajavam a pé, assim como os do Renascimento, na maior parte do tempo. Os modernos não ficavam atrás: tornaram-se caminhantes solitários ou teóricos na vanguarda das multidões em movimento. Os estilos e as épocas diferem. Não existe uma preocupação constante em avançar passo a passo.

Mas já falamos demais. Chegou a hora de andarmos juntos.

PRIMEIRO PASSEIO

EM COMPANHIA DOS CAMINHANTES ANTIGOS

Eles raciocinam deambulando,
debatem passeando,
vão e voltam em grupo.
Filósofos de Atenas ou de Roma
falam em alcançar passo a passo a verdade.
Ou a declaram inacessível.

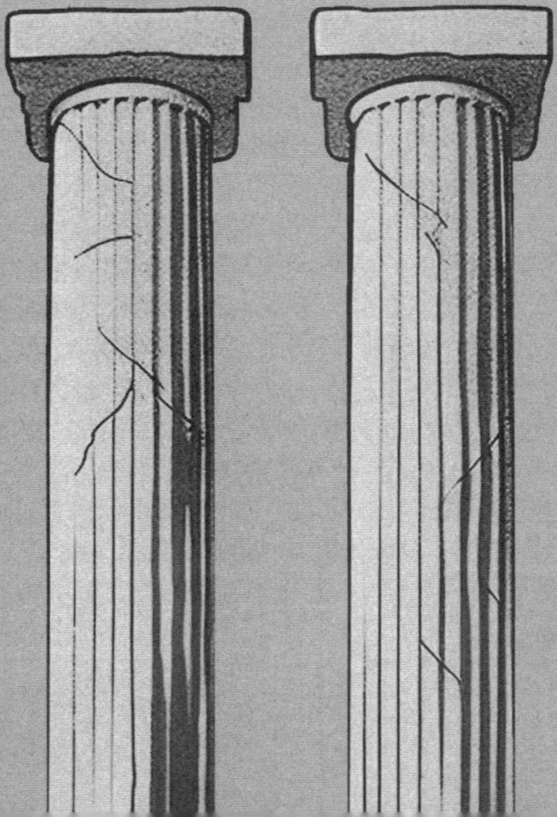

Será que todos os filósofos antigos pensam andando? Não. Isso é lenda, ou melhor, uma representação deformada. Porque normalmente eles ficavam sentados para ler ou ditar, ou então para dar aula para uma assembleia de estudantes-ouvintes, que também ficavam sentados. Os pensadores da Antiguidade, gregos e romanos, não ficavam perambulando sem parar. No entanto, andavam muito mais que os nossos contemporâneos, com muito mais frequência e de maneira diferente. Em primeiro lugar, porque viviam em outro mundo, em que tanto os pequenos deslocamentos quanto os longos trajetos eram usualmente feitos a pé. Em toda a Antiguidade, com exceção das rotas marítimas, os exércitos avançavam em marcha, as mercadorias transitavam ao ritmo do passo. E as ideias avançavam na cadência dos caminhantes.

Assim, era com frequência ao andar que os filósofos dos tempos antigos pensavam, falavam e julgavam. Também prestavam muito mais atenção que nós ao modo de andar. Tudo chamava a atenção: a maneira de alongar o passo, o movimento dos braços, o porte da cabeça, o ritmo de cada um.

É por isso que, caminhando na companhia de alguns, devemos ficar atentos ao modo como se deslocam, investigar os detalhes de suas deambulações. Como quem não quer nada, talvez nos aproximemos de algumas verdades importantes. Porque, nesses gestos mínimos, nesses breves passos dados aqui e ali, esboçam-se os movimentos de fundo da filosofia antiga. Desde aquele que não anda de verdade, porque diz como poeta como anda o mundo, até aquele que percorre o mundo a pé, porque sabe que os sábios não têm pátria, vamos seguir alguns desses viajantes pelas estradas antigas para começar a entender como andam os filósofos.

1

A misteriosa sandália de Empédocles

Ele se desloca de biga e usa sandálias de bronze. O paradoxo é que ele não anda de verdade. Resta saber por quê.

As sandálias de Empédocles eram de bronze, segundo dizem. Curioso. Elas teriam sido cuspidas da cratera do Etna, depois que ele se suicidou, atirando-se nas chamas do vulcão.

Essa história, absolutamente inverossímil, tornou-se um mito moderno. Novalis, um grande romântico alemão, louva as sandálias de Empédocles. Lacan, um psicanalista que se vangloria das alusões precisas, transforma esse pensador antigo em figura de herói suicida, encarnando a existência humana como "ser-para-a-morte", segundo Heidegger.

Entretanto, não sabemos nada sobre a maneira como a vida de Empédocles realmente terminou. Fábulas a esse respeito proliferaram desde a Antiguidade. Testemunhos, registrados sobretudo por Diógenes Laércio, insistem que os discípulos e os contemporâneos de Empédocles achavam estranho que ele não tivesse um túmulo. Esse é o único dado confiável.

Sem túmulo. Isso é enigmático, porque o homem era famoso, oriundo de uma grande família aristocrática, muito influente na

Sicília. Ele teve um papel importante na história de sua cidade, Agrigento, por suas missões diplomáticas, suas posições políticas e suas intervenções espetaculares, parando o vento, impedindo a peste... Esperava-se que seu túmulo fosse conhecido, visitado, honrado.

Aparentemente, no entanto, ninguém sabia onde Empédocles tinha sido enterrado. Esse mistério engendrou inúmeras histórias. A mais conhecida (salto mortal na lava incandescente, sandálias cuspidas pelo vulcão) não é a única. Outra história explica o sumiço de Empédocles por uma ascensão para junto dos deuses: depois de ressuscitar uma mulher tida como morta, ele adormeceu longe de todos. De manhã, não foi encontrado. Um servo "declarou que tinha ouvido uma voz de uma potência extraordinária chamando Empédocles no meio da noite e que, ao se levantar, viu uma luz celeste e um brilho de tochas, e nada mais".

Não vemos Empédocles andando. Ele sobe ao céu, preso, raptado, arrancado deste mundo, subtraído dos olhares. Ou então ele foi consumido pela lava em fusão, e só as suas sandálias foram cuspidas de volta. Antes disso, quando percorria a Sicília – onde nasceu, como seus ancestrais, e onde viveu –, ele ia de biga. Assumo o paradoxo: nossa caminhada começa com um personagem que parece nunca ter colocado um pé na frente do outro. Empédocles parece não tocar o chão.

E a história das sandálias é intrigante. Esse pensador-poeta provavelmente nunca se aventurou pelo imenso vulcão. Talvez nem mesmo conhecesse a existência das crateras: não diz nada sobre elas em sua obra, quando explica o funcionamento do mundo, do ar e do fogo. Além disso, o calçado também é desconcertante. Alguns textos o citam no plural, outros, no singular. No entanto, em vez de tentar descobrir se o Etna cuspiu uma sandália ou duas, seria melhor se admirar do bronze. O que é de bronze nesse objeto lendário? A sola? Impossível, pois como ele conseguiria andar com uma sola dessas? Pesada, rígida, impossível de dobrar, ela tornaria a caminhada terrivelmente difícil, como as solas de chumbo dos escafandristas. Talvez a armação das sandálias fosse feita de bronze, para sublinhar que elas se distinguiam por algo raro. Essa singularidade as torna nobres. Em teoria, sandálias de bronze não se gastam, são eternas. Com sandálias assim talvez se consiga andar para sempre. Ou nunca? Em todo caso, elas se opõem ao caminhar real.

Talvez devêssemos considerar o problema pelo avesso: por que, na aurora da filosofia, em um tempo em que a caminhada física ocupava constantemente os pensadores, Empédocles se deslocaria de biga, com sandálias de bronze? Por que teria desaparecido, deixando para trás apenas esse objeto, com o qual parece ser difícil se deslocar a pé?

Para abordar esse enigma, temos de definir quem é Empédocles. É um mago, mas também um filósofo. Seu canto está na fronteira entre a palavra inspirada e o discurso racional. Ele pertence àquela série de pensadores que são também sábios investidos de poderes excepcionais sobre os seres e a natureza. Esses "mestres da verdade", como os chama o helenista Marcel Detienne, povoam os primórdios do pensamento grego, antes do aparecimento dos discursos filosóficos propriamente ditos. É bom sublinhar que, segundo dizem, Empédocles era capaz de parar os ventos, acabar com as doenças, fazer chover...

Porque ele sabe como caminha o mundo. Sobre duas pernas, passando sem parar de uma para a outra... Na realidade, o cerne da sua doutrina é a junção do Amor e do Ódio na existência universal. Aquilo que ele chama de "Amor" não é apenas um sentimento que atrai dois amantes um para o outro – desejo, erotismo, paixão. É a totalidade das forças cósmicas que juntam, reúnem e conectam não apenas os apaixonados, mas todas as coisas que se atraem umas às outras.

O Amor, para Empédocles, é o nome da força de coesão, de agregação, que faz que os elementos do mundo se mantenham juntos.

Inversamente, o Ódio é a força que desloca, desagrega, dissocia, dispersa...

Indefinidamente, o amor une, e o ódio dispersa. Graças à alternância dessas forças opostas, o mundo, a história das espécies, o curso das vidas animais e humanas caminham. Tudo é atravessado por esses opostos, indo perpetuamente em um sentido e outro.

Esse caminhar do mundo, essa tensão sem fim entre dispersão e união, lembra o processo do nosso caminhar corporal, que desune e reúne o nosso equilíbrio. Será que Empédocles transpôs o princípio da caminhada do corpo humano para a ordem cósmica? Por que não? Se, para nós, andar é o resultado da luta constante entre o cair e o reequilibrar-se, o andar cósmico é o resultado da luta entre a dispersão e a união, sob o nome de Ódio e Amor. O mundo, para continuar a sua marcha, une-se e desune-se em todos os seus elementos, sem parar. O cosmos, segundo Empédocles, anda entre união e dispersão, como nós andamos entre queda e equilíbrio.

Isso explica por que o mago desapareceu? Talvez. Tendo explicado como caminha o mundo, o protofilósofo pode desaparecer. Ele já falou o que tinha para falar, já disse o essencial. Ele pode sumir. A partir de então, a caminhada do filósofo e a do mundo coincidem. Transfigurado em palavras de verdade, ele desaparece, deixando apenas um resíduo simbólico, as sandálias.

O que essas sandálias poderiam simbolizar? Talvez seu poema, que serve para seguirmos suas pegadas, mais ou menos comodamente, como se nós também devêssemos calçar sandálias de bronze para tentar avançar no seu ritmo.

É claro que são apenas hipóteses, quase devaneios. Essas elucubrações são fumarola de vulcão, passeio nas nuvens. Outras ainda seriam possíveis. Empédocles, que acreditava na metempsicose, explica que passou de vida em vida, que foi peixe e mamífero, que é homem e será deus... O que seria uma explicação vantajosa do seu desaparecimento.

Chegou a hora de nos juntarmos aos antigos que andam, falam e pensam mais simplesmente.

2

O vaivém de Protágoras

Rodeado de ouvintes atentos, o mercador de ideias perambula, vai, vem, e assim por diante. Sócrates ironiza.

Sócrates decidiu ir com seus melhores amigos ao encontro desse tal Protágoras, cuja fama atraía clientes. O fanfarrão falador era um mercador de ideias. Vendia pretensos conhecimentos apresentados como meios de se aprimorar pessoalmente, adquirir controle sobre os outros e até poder sobre as multidões. Certamente valia o deslocamento!

Sócrates e seus amigos foram andando. Apressaram-se em obter mais informações para descobrir, enfim, quem era esse Protágoras de quem todos falavam. Queriam entender, sobretudo, o que ele ensinava, julgar se o que dizia era verdadeiro ou não. Apertaram o passo pelas ruelas de Atenas.

Quando finalmente chegou, o pequeno grupo teve de esperar. Os porteiros de Cálias, um rico ateniense, tomaram Sócrates e seus amigos por concorrentes que também estavam ali para vender seu saber, como todos os sofistas faziam. Era assim que se chamavam esses vendedores ambulantes que, como Protágoras, eram meio eruditos, meio advogados, instavelmente equilibrados entre os filósofos moralistas e os professores de retórica. Eram *coachs* da Antiguidade, de certa maneira. Ganhavam a vida, muito bem, às vezes, ensinando os jovens aristocratas a falar; ou seja, a seduzir as assembleias, o que, no sistema político ateniense, significava ter o poder.

O sofista se vangloriava de ensinar técnicas eficazes para ganhar a adesão, a aprovação dos ouvintes, fazê-los aceitar um ponto de vista. Não por causa da verdade do que é dito, mas graças ao poder de sedução das afirmações. Pela retórica, o que ele afirmava *parecia* mais verdadeiro do que o outro dizia. Ele conseguia convencer, ape-sar de estar errado. Graças a isso, o sofista tinha um poder espantoso, que transmitia com orgulho, em troca de uma generosa retribuição. Porque era um grande poder, em particular em Atenas, onde tudo era decidido pela palavra, tanto nos tribunais quanto nas assembleias nas quais o povo votava, de acordo com a democracia direta.

Sócrates então ficou à espera na porta para conhecer Protágoras e observar a coorte de ouvintes que o acompanhava. Ao entrar na casa, Sócrates viu o nosso homem andando de um lado para o outro, seguido da tropa compacta de discípulos. Formulada por Platão, ele deu a seguinte descrição:

> Protágoras andava pela galeria e, atrás dele, andavam Cálias, filho de Hipônico, seu irmão Paranos, filho de Péricles [etc. etc.] Outros ainda vinham atrás deles, tentando ouvir o que diziam: a maioria era claramente de estrangeiros que Protágoras arrebanhava em cada cidade pela qual passava, encantando-os com o charme de sua voz, tal como Orfeu, e, encantados por sua voz, seguiam-no, mas também havia pessoas da região no coro. Eu experimentava uma grande alegria vendo aquele coro, cujas magníficas evoluções cuidavam para que Protágoras estivesse sempre à frente. Quando dava meia-volta com os que se encontravam ao seu lado, os ouvintes se separavam em dois

> grupos, de parte e outra, harmoniosamente e em boa ordem, e fazendo uma marcha circular colocavam-se de novo atrás dele: era maravilhoso.

Com certeza, Sócrates estava zombando. Mas exatamente do quê? Qual seria o sentido desse balé turbilhonante do sofista, sempre seguido por seus ouvintes?

Todos parecem fascinados pelo som da voz de Protágoras, como se estivessem enfeitiçados pelo charme de uma magia, como animais seguindo Orfeu, aprisionados por sua música. Eram prisioneiros, dependentes de um mágico que os encantava com a sua palavra. Haviam capitulado, abandonado a capacidade de reflexão. Preferiam o encanto dessa melodia, que os guiava sem o seu consentimento, à força da razão.

Os seguidistas tomavam cuidado para deixar Protágoras sempre à frente do grupo. Ele ia de um lado para o outro, falando. Ele vai, vem, e todos o seguem. O balé é uma repetição constante. Ninguém ia a lugar nenhum nem saía da casa. A sedução musical se repetia sem parar, isolada numa redoma.

Indo da direita para a esquerda, da esquerda para a direita, passando em um sentido e voltando em outro – refazendo os mesmos passos, percorrendo os mesmos espaços, os mesmos rastros –, Protágoras e seus ouvintes queriam dizer, com seu andar, que o pensamento dos sofistas diz tanto branco como preto, tanto preto como branco. Ele varia sem variar, ao sabor das idas e vindas: verdadeiro e falso são apenas o anverso e o reverso de um mesmo pano, frente e verso de um mesmo tecido, do qual nenhum dos lados parece melhor que o outro.

É óbvio que os sofistas têm teses, argumentos, posições, mas são tão reversíveis quanto seu andar, para um lado e para o outro, à esquerda e à direita, em um sentido e em outro. Comercializando palavras, de feição puramente sedutora, sem verdade, o sofisma anda, mas sem avançar. Ele coloca um pé na frente do outro, mas não inicia uma viagem. Parado andando, ele não faz nenhum progresso em nenhuma direção.

Na sequência do diálogo, quando chega a hora de fazer Protágoras falar, confrontá-lo com argumentos e objeções, Sócrates propõe que eles se sentem para conversar. Ele parece dizer: "Não ando mais com você", nem no sentido próprio da deambulação, nem no sentido figurado do acordo tácito. "A coisa desandou entre nós, mas vamos ver o que é verdade e o que é apenas bobagem na sua gesticulação, no seu balé. Vamos sentar-nos, descansar fisicamente, mas no pensamento e na palavra vai começar uma verdadeira caminhada, um verdadeiro trajeto." Eis o que Sócrates não diz; mas sua intervenção sugere isso, a meu ver.

Finalmente, os sofistas-segundo-Platão (os verdadeiros sofistas eram bem diferentes, mas isso é outra história) não caminhavam das aparências enganosas para a verdade que não engana. Tanto na linguagem quanto no pensamento, eles faziam apenas idas e vindas, semelhantes ao vaivém de Protágoras na casa do rico ateniense. Filosofia é outra coisa: um caminho na direção da verdade – um caminho real, deliberado, às vezes doloroso. Platão o descreveu em detalhes.

5

Platão põe os prisioneiros para andar

Amarrados desde sempre, imóveis e ludibriados,
eles devem ser libertados, postos em pé, obrigados a se mexer,
para ir na direção da verdade.

Nenhum estudante de ensino médio escapa da alegoria da caverna. É o âmago da filosofia de Platão, a chave do seu dispositivo, ele mesmo no centro de quase todo o maquinário filosófico ocidental. Mas um ponto importante é geralmente esquecido: a imobilidade e o andar têm um papel capital nesse texto-chave. Platão, nessa passagem de *A República*, imagina prisioneiros amarrados no interior de uma caverna, com os pés e as mãos atados, as pernas impedidas de se movimentar, e o pescoço imobilizado. Eles vivem assim desde a infância, sem se mexer, sem andar. Não conhecem nada do mundo além das imagens projetadas diante deles, uma espécie de teatro de sombras de objetos reais. Esse é o princípio dessa ficção.

Em termos atuais, os prisioneiros são os espectadores de um filme, que não sabem que estão assistindo a um filme. Eles consideram que as imagens projetadas são reais. Para eles, são as únicas realidades concretas, porque, desde o começo de sua existência dentro da sala de cinema, eles ignoram a presença da cabine de projeção, do projetor, do filme; eles não sabem nada do mundo exterior.

Platão quer fazer-nos compreender que estamos presos às ilusões dos nossos sentidos, que confundimos o mundo das aparências com o mundo real, enquanto as aparências são apenas reflexos, sombras da verdade, que se encontra em outro lugar, atrás das aparências, e devemos encontrá-la. Para escapar dessa ilusão, para escapar de seu fascínio hipnotizante, devemos abandonar o espetáculo dos olhos e, graças ao pensamento, desviar-nos para as verdades, que supostamente constituem os únicos modelos dessas sombras múltiplas que percebemos.

Qual é a relação disso com o andar? Basta ler o texto. Os prisioneiros – imóveis, amarrados – não andam. Por definição, estão impedidos de colocar um pé na frente do outro. Libertar um dos prisioneiros seria desatar os nós, forçá-lo a se levantar, obrigá-lo a olhar em outra direção, à força, mesmo que no começo seja difícil para ele distinguir outra coisa além das sombras às quais está acostumado desde sempre.

Nessa história, quase sempre nos concentramos no papel da visão. É verdade que é difícil suportar o brilho da luz quando saímos das sombras. Habituado às trevas da caverna, o olhar do prisioneiro liberto tem dificuldade para suportar o brilho do dia. Ele precisa acostumar pouco a pouco os olhos à luz de fora. Quando nos acostumamos a esse brilho, voltar à penumbra causa uma dificuldade simétrica: no começo, não vemos nada; depois, acostumamo-nos.

Mais interessados nos olhos, nós nos esquecemos dos pés! Antes de mudar o olhar, o prisioneiro deve andar. Platão diz explicitamente: "Cada vez que um deles for libertado e obrigado a se levantar, virar a cabeça, *andar* e olhar para a luz...". O movimento do corpo é um movimento de andar. O prisioneiro, até então imóvel, deve ser posto de pé e obrigado a colocar um pé na frente do outro para poder sair da ilusão, para começar a caminhar na direção do verdadeiro, para realizar essa ascensão que o faz escalar o caminho íngreme que o leva para fora da caverna, para longe da penumbra, da prisão nas miragens.

A partir desse momento, andar é a mesma coisa que pensar: orientar-se voluntariamente para as ideias, avançar em direção à verdade, aos modelos, às formas iniciais dos objetos. É preciso andar-pensar para sair do mundo dos reflexos e perceber as Ideias eternas; em resumo, para se tornar filósofo. Essa "conversão" de que fala Platão não tem nenhuma relação com a religião. Ela evoca, sobretudo, uma curva com esquis, porque esse movimento do pensamento é análogo a uma rotação do corpo. Em vez de olhar as aparências, as sombras do mundo, olharemos para as Ideias. Não se trata de dar à alma a capacidade de ver, mas de orientar diferentemente essa capacidade preexistente, girá-la na direção oposta e fazê-la avançar nessa nova direção.

Andar, esforçar-se para colocar um pé na frente do outro, uma ideia depois da outra, faz parte desse trajeto em direção à luz da verdade. A saída do nosso cativeiro inicial exige uma caminhada espiritual e intelectual, similar à caminhada física – idêntica, nos mínimos detalhes. O prisioneiro deve ser posto de pé, deve equilibrar-se sobre as próprias pernas, começar a deslocar-se, escalar o caminho íngreme que o leva para fora. Depois de sair da caverna andando – e ter chegado ao exterior, ter-se tornado filósofo e ter-se acostumado à contemplação das Ideias eternas –, ele terá de andar mais uma vez para descer de novo até o fundo da caverna. Se tem de voltar, não é por saudade dos seus erros anteriores, mas para não abandonar os antigos companheiros na ignorância, para não deixar a ilusão e a injustiça reinar no interior da caverna. Descendo novamente, deve garantir que seu saber permita a organização da vida comunitária. A verdade deve inspirar, transformar, habitar o político. A Cidade deve ser reconstruída na caverna segundo a ordem da Verdade e do Bem.

Esse movimento duplo é uma caminhada dupla. Uma vai da escuridão para a luz, da ignorância para o saber. A outra vai do saber para o mundo antigo – para transformá-lo, dissipando a ignorância. Aquele que sabe, tornou-se sábio e culto, não deixa seus semelhantes na ilusão e na servidão. Esse périplo ascendente e descendente configura a totalidade do projeto de Platão, e, como não nos podemos esquecer, ele é o fundador da filosofia ocidental.

Essa dupla caminhada é uma viagem efetiva; nada a ver com as idas e vindas do sofista, que nunca sai do lugar. Platão quer tirar-nos do mundo comum pela caminhada do espírito. Essa ascensão conduz o pensamento em direção à verdade, antes de descer novamente, passo a passo, em direção à organização política, à mudança radical da vida coletiva. Assim andam os filósofos, ao menos os que seguem Platão. Porque outros deambulam diferentemente.

4

Aristóteles, "o peripatético"

Esses estranhos pensadores falam andando. Não deambulam no campo, ao ar livre, mas de manhã, nos ginásios, bem cedo.

Diógenes Laércio evoca nos seguintes termos a ruptura de Aristóteles com o mestre Platão, que deveria ter-lhe confiado a direção da Academia: "Quando viu, ao chegar, que a escola estava sob a direção de outro, escolheu a galeria que ficava no Liceu (um ginásio da Atenas antiga), e, indo e vindo até a hora de se ungir de óleo, filosofava em companhia de seus discípulos. Disso surgiu a alcunha 'peripatético'".

Gostaria de esclarecer isso.

À primeira vista, filosofar em um ginásio é curioso. Em todo caso, para nós que, de maneira geral, não vamos a academias de ginástica para refletir. Os gregos, ao menos os aristocratas, iam todos os dias a locais de treino para fazer exercícios físicos – luta, pugilato, pancrácio – que praticavam completamente nus, com o corpo besuntado de azeite de oliva e areia fina. Esses jovens filósofos, que consideramos, acima de tudo, teóricos, são, em primeiro lugar, atletas que lutam todos os dias.

E são bem robustos. "Platão" – cujo verdadeiro nome é Arístocles – é uma alcunha que significa "o largo". Designa mais provavelmente seu peito, seus músculos peitorais, do que o tamanho de sua testa ou o alcance de suas ideias. Durante muito tempo, Aristóteles foi o melhor aluno de Platão, seu principal discípulo e filho espiritual: ele o encarregou de todos os tipos de aulas e lhe deu responsabilidades na Academia. Filosoficamente falando, o filho acabou matando o pai.

Aristóteles recebeu a alcunha de "peripatético", ou "passeador", porque tinha o hábito de refletir e falar enquanto andava, bem cedo pela manhã e, às vezes, durante horas.

Não era o único. Era um hábito bastante comum pensar passeando, às vezes em pequenos grupos. Sem ser sistemático, acontecia com frequência. Protágoras e seus clientes iam e vinham, bem como Sócrates e seus amigos, e acontecia o mesmo em todas as escolas de filosofia. Mas, se todo mundo, em algum momento, deambulava para filosofar, por que só Aristóteles recebeu a alcunha *peripatētikós*, "aquele que passeia"? O nome "peripatético" acabou pegando. Estendeu-se à escola, aos discípulos, à posterioridade intelectual de Aristóteles. Foi puro acaso? Talvez não.

Aristóteles e seus estudantes chegavam bem cedo ao ginásio do Liceu. Discutiam "até a hora de se ungir de azeite para treinar". Isso quer dizer que, como o treino era bem cedo, eles chegavam ao nascer do sol para andar pelo ginásio, percorrer os pórticos, as galerias e os deambulatórios, praticando a filosofia antes da atividade física. Eles andavam pensando, pensavam andando, convencidos de que o exercício do corpo e o da razão estavam ligados. Mas isso não explica o que as caminhadas de Aristóteles tinham de tão singular para receber essa alcunha. Muitos outros a mereciam também.

Entre todos os filósofos de seu tempo, percebo que Aristóteles é o único que procura de maneira tão precisa, insistente e circunstanciada o modo como andam os animais e o modo como andam especificamente os seres humanos, diferentemente de todas as espécies vivas. Ele dedicou dois tratados ao andar animal, *O movimento dos animais* e *A locomoção dos animais*. Neste último, compara em particular os jeitos de andar sobre dois pés das aves e dos homens.

Ele observa, por exemplo, que o andar ereto necessita de dois pés, mas também de pernas longas e equilíbrio entre a parte superior do corpo e o resto. É por isso que as crianças pequenas não conseguem erguer-se e manter-se eretas. Uma vez em equilíbrio, como acontece o deslocamento? Aristóteles observou isso com atenção, mas o mínimo que se pode dizer é que ele não se exprime com elegância:

> Em todos aqueles que conseguem, por natureza, mudar de lugar com a ajuda de duas patas, quando uma está esticada, ela sustenta o peso e, visto que, para que haja movimento para a frente, o pé que, por causa de sua posição, dirige, deve permanecer leve, e, como durante o andar ele também recebe o peso do corpo, está claro que obrigatoriamente o membro que estava flexionado estica-se, enquanto permanece imóvel o ponto de apoio constituído pelo pé que se encontra à frente, assim como a perna.

A explicação é complicada, mas Aristóteles descreve com precisão o mecanismo de mudança de apoio de cada perna, o avançar do corpo por desequilíbrio e reequilíbrio, começo da queda e evitamento. Ora, esse homem que estudou o andar em seus componentes e mecanismos, que investigou as condições físicas de possibilidade do andar, é também o que estudou a linguagem, as relações das palavras com o pensamento, as condições de um raciocínio válido. Esta é a verdadeira singularidade de Aristóteles: ele andava enquanto se perguntava como se anda, pensava enquanto se perguntava como se pensa. Ele investigou como funcionam o andar, a palavra e o pensamento.

O leitor poderia dizer que é exagero da minha parte. Será que estou puxando, de maneira arbitrária, um pequeno fio de uma obra imensa? Não acho; pois, se puxarmos esse fio metodicamente, o que necessitaria de um volume enorme, acho que todo o pensamento de Aristóteles viria junto. Na verdade, ele não se contenta em desmontar o mecanismo do andar e do pensamento: ele também se dedica a saber como é o andar da política, como é o andar dos astros, como é o andar do clima, como é o andar dos organismos vivos, como é o andar das emoções, como é o andar da alma, como é o andar das obras literárias e poéticas, como é o andar do teatro e dos espetáculos...

A cada vez, a expressão "como é o andar" deve ser tomada ao pé da letra: Aristóteles sempre busca como se dá o avançar por equilíbrio perturbado e desequilíbrio compensado. Se o lemos sob essa ótica, podemos vê-lo destrinchando os conhecimentos, o pensamento e o real enquanto anda. Nessa caminhada em torno do mundo, investigando pontos fixos e movimentos, Aristóteles não gira em círculos, como o sofista que fica parado em seu movimento circular. A própria caminhada de Aristóteles – o passeante, o "peripatético" – busca englobar a totalidade dos saberes e dos pensamentos e fundar a enciclopédia – *en kuklô* significa "em círculo, que dá a volta".

"Enciclopédia": forma de saber que Aristóteles inventou ao classificar todos os conhecimentos que funcionam para explicar como funcionam as coisas.

5

Pirro fica indiferente quando o outro cai

O mestre e o discípulo andam lado a lado. O mestre cai no fosso. O discípulo continua o seu caminho. O mestre o felicita. Eles não são loucos, mas céticos.

Os caminhos são escorregadios naqueles pântanos. A região parece ser feita tanto de água quanto de terra. Pântanos por todos os lados! O filósofo e seu mestre avançam, ora em terreno seco e com facilidade, ora na lama e à beira dos temidos fossos. E o que deveria acontecer aconteceu... O mestre perde o equilíbrio, escorrega, cai num fosso, mergulha na lama. O discípulo não o ajuda nem lhe dá atenção. Ele continua o seu caminho. O discípulo abandona o mestre, por assim dizer, porque a queda já aconteceu.

Em vez de repreender o discípulo, quando se reencontram à noite e param para pernoitar, o mestre o felicita. Que rigor! Que coerência! Ele demonstrou realmente uma indiferença total, uma falta absoluta de apego! Não julgou tal decisão melhor que outra, deixou magnificamente em suspenso seu julgamento, ao continuar a andar, sem parar, sem se comover! Outros o censurariam, criticariam sua negligência, seu egoísmo, repreenderiam sua imprudência, sua falta de humanidade. Porque não sabem de nada! Não acudindo o mestre, o discípulo se mostrou perfeitamente fiel às lições recebidas.

Essa cena é descrita por Diógenes Laércio, mais uma vez. Ela envolve o filósofo Pirro e o mestre Anaxarco de Abdera. Na verdade, se observarmos mais de perto, Pirro se mostrou duplamente indiferente. Foi indiferente em relação ao outro, a seu mestre, Anaxarco – pouco lhe importava que o mestre andasse ou caísse no fosso. Não fazia diferença que o amigo estivesse na estrada ou na lama, contente ou desesperado. Um e outro são válidos, nada é preferível a nada. Mas Pirro também se mostra indiferente ao andar. Andar ou não andar, deslocar-se ou ficar parado, no final, também é a mesma coisa, não faz a mínima diferença. Essa atitude pode parecer incompreensível ou até mesmo insustentável, inadmissível.

Na realidade, trata-se da aplicação estrita da própria doutrina de Pirro (e provavelmente a do próprio Anaxarco de Abdera, de quem sabemos muito pouco), o ceticismo. *Skeptikós*: "aquele que duvida". Pirro declara que, qualquer que seja a verdade, ela está fora do nosso alcance. Não temos acesso a ela. Assim, os julgamentos que fazemos sobre o mundo são todos equivalentes, porque todos são vãos.

Ou mallon, em grego, significa "não mais isso que aquilo". Montaigne mandou gravar a expressão nas vigas da sua "livraria", isto é, do seu escritório. Essa atitude de indiferença, suspensão, equilíbrio entre os contrários aplica-se, em princípio, a todos os julgamentos possíveis. Um cético coerente diria que entre o belo e o feio, o bem e o mal, o verdadeiro e o falso, o alegre e o triste, não há escolha, porque não existe nenhuma diferença indubitável entre eles. Acreditamos que, entre as aparências do mundo, esses contrastes existem de verdade. Na realidade, não correspondem a nada do que possamos ter certeza.

Assim, andar ou cair é a mesma coisa. Andar ou não andar se equivalem. Avançar ou ficar parado... é a mesma história! Essa anulação das diferenças e, portanto, dos julgamentos coloca toda a verdade entre parênteses. No caso de Pirro, ela é levada ao extremo. Esse filósofo é conhecido por não ter manifestado nem alegria, nem tristeza, nem gosto, nem desgosto, a ponto de cuidar dos porcos sem repugnância aparente. Essa indiferença quase absoluta é extremamente singular no pensamento grego.

Para explicá-la, devemos lembrar que Pirro viveu mais de dois anos na Índia, quando foi soldado do exército de Alexandre, o Grande. É provável que tenha conhecido membros de escolas budistas, que floresciam naquela época. As doutrinas dessas escolas se parecem em vários pontos, de forma surpreendente, com as que ele ensinou ao regressar. Na verdade, "andar" e "não andar" são equivalentes do ponto de vista budista, tanto que, entre um e outro, não é preferível "mais isso que aquilo". Da mesma forma, considerar libertador, reconfortante, aliviante o fato de que a verdade última nos permaneça inacessível é uma concepção que não parece grega, mas combina perfeitamente com a atitude dos budistas. Por essa maneira de andar sem afirmar nem negar nada, será que os céticos são rebentos budistas no Ocidente?

Não existe nenhuma prova formal, mas a hipótese é bem plausível.

6

Diógenes anda com um bastão

Ele descarta o que é inútil.
A cortesia, as convenções, até mesmo as leis.
Só guarda a natureza. Quebrou sua tigela depois
que viu uma criança beber água com as mãos,
mas conservou o bastão para andar.

É cômodo ter um bastão. Quando andamos dias inteiros, ele dá o ritmo ao passo. Ajuda nas subidas, serve de apoio nas descidas. Além disso, é uma companhia, carrega a bolsa, afasta os intrusos, impõe respeito aos mal-intencionados.

Diógenes gostava de seu bastão, não se separaria dele por nada no mundo. É estranho. Ele largou tudo, cortou todos os laços, desfez todos os vínculos, abandonou as convenções, as propriedades, os hábitos, mas se apoiava em seu bastão para avançar na vida. Diógenes estaria praticamente perdido sem aquele pedaço de madeira nodosa, pesado, mais alto do que seu ombro. Iria precisar de outro bem rápido. Ele não fazia questão daquele objeto em especial, mas de algo para acompanhar sua caminhada, talvez para torná-la mais humana. Os animais andam; quase como nós e, às vezes, mais longe, mais rápido. Mas sem bastão.

O bastão é um mediador, um intermediário que liga o homem à natureza. Diógenes queria viver "segundo a natureza" – sem artifícios, sem hipocrisia, sem nenhuma das convenções perniciosas impostas pela sociedade. Porque esse segundo mundo, o mundo humano, segundo ele, não vai bem. Esse mundo não anda, em nenhum sentido: é mole, sedentário, parado, desconectado de seus movimentos naturais, não anda direito, enguiça, estraga, apesar de achar que está progredindo.

É preciso andar para ser digno e feliz, para ser um homem, e não um fracote civilizado que se acha muito esperto, mas não é. Sem olhar para trás, sempre seguindo em frente, sem se preocupar com o frio nem com o ardor do sol, sem temer o vento, nem o suor, nem as pedras do caminho. Segundo Diógenes, é assim que os homens andam. Livres, sem objetivo e sem obrigações. Sem acessórios.

Salvo o bastão. Mas o bastão não é um acessório, um complemento, um suplemento supérfluo. Pelo contrário, é um pilar flexível, uma fundação móvel, uma espécie de suporte que se desloca. O bastão, no andar de Diógenes, não é inerte, fixo, inútil. Na verdade, nada pode substituir esse paradoxo vivo. Até se pode andar sem ele, mas é menos seguro.

Mais alguma coisa é necessária? Diógenes se livrou de tudo... Não ligava para a honra, para a fortuna, para a boa reputação. Zombava do pudor. Estava-se lixando para a cortesia, para as boas maneiras. Desfez-se de tudo o que poderia atrapalhar: casa, esposa, filhos. Mendigo da sabedoria, tinha algo de louco. Dormia em uma cisterna, surrupiava comida nos templos, masturbava-se em público, xingava os passantes. Diógenes jogou tudo para o alto. No dia em que viu uma criança bebendo água com as mãos, jogou fora sua última tigela. Mais uma coisa inútil. Até mesmo a filosofia deveria ser jogada fora, às gargalhadas: ele se deu ao luxo de ir até a casa de Platão, com um frango depenado na mão, para zombar de sua definição do homem ("um bípede sem penas"...).

Diógenes não guardava nada, não respeitava nada, salvo a vida, a natureza. E seu bastão. Este é um artifício, um complemento à natureza, ninguém pode negar. Mas é uma ajuda inteligente, uma extensão pertinente do braço, um apoio que não limita. Se fosse jogado fora, faria falta. Nada o substitui. É o laço entre a natureza bruta – o caminho, o corpo – e a vontade de andar. O bastão é um empréstimo da natureza que foi desvirtuado, reinventado para um uso puramente humano. Apesar de tudo, o bastão não se opõe à natureza, como quase todas as criações humanas. Nada nele é sofisticado, antinatural. Ele apenas introduz uma lei de uso mínimo, em sintonia com o andar natural. Ele continua perto do seu equilíbrio, e até o melhora, ao acompanhá-lo.

Deambulando, enquanto o bastão batia no chão de maneira regular, cadenciando o andar com um ritmo sonoro e regular, Diógenes se lembrou do dia em que entendeu como deveria andar e o que isso queria dizer. Estava chegando de Sinope, sua cidade natal. Seu pai e ele estavam fugindo para escapar da morte. Condenados por "falsificação de moedas", não tinham outra solução a não ser o exílio. Atenas se tornaria seu refúgio.

Mas o que fazer lá? Viver de quê? Ele não tinha a mínima ideia.

A resposta veio em uma manhã, no celeiro onde dormia, na falta de coisa melhor, sem pedir nada a ninguém. Um barulhinho curioso o acordou – um camundongo, miúdo, muito ágil. Diógenes o observou de cima, sem se mexer, seguiu suas idas e vindas.

Ele o via andar, parar, começar de novo, andar de novo... Naquele momento, entendeu. O camundongo andava, pura e simplesmente. Sem ir a lugar nenhum. Sem seguir nenhum caminho preciso. Sem saber antes aonde iria. Sem destino, sem preocupação, sem obrigação. Isso que é andar "segundo a natureza", ou seja, segundo a sabedoria. No entanto, um bastão seria muito bem-vindo. Apesar de o camundongo não ter nenhum.

7

Sêneca deambula ao longo dos séculos

Todos os homens andam, mas não do mesmo jeito.
A maneira do sábio não se parece com nenhuma outra.

"Mostra-me como andas, e eu te direi quem és." O ditado não é autêntico, mas corresponde ao que se pensava em Roma, na Antiguidade. Todos prestavam atenção a uma série de detalhes aos quais nos tornamos insensíveis: a posição dos ombros, a postura dos braços, o porte da cabeça, o tamanho das passadas, a tensão das pernas, o ritmo do gingado... tudo isso indicava, ao primeiro olhar afiado, se o outro era um camponês ou um homem da cidade, um soldado ou um senador, uma mulher de bem ou uma prostituta. "A despudorada é reconhecida pelo andar", escreveu Sêneca. Na realidade, em Roma, tudo era reconhecido pelo jeito de andar. Os movimentos diziam quem era rico ou pobre, respeitável ou desprezível, educado ou tosco. O andar era um cartão de visita.

Mas não é só isso. Aos olhos de um romano, a maneira de andar também manifestava o caráter único e íntimo, a personalidade individual daquele ou daquela que se deslocava. Isso se tornou estranho para nós: quando pensamos em nossos amigos, não pensamos de cara no seu jeito de andar! Os romanos, pelo contrário, consideravam o andar parte integrante da singularidade de alguém, do mesmo jeito que o timbre de voz, o jeito de rir, os gestos favoritos.

Por isso os múltiplos conselhos que Sêneca dá a seu discípulo Lucílio. Para o filósofo, o intuito é fazer aquele que se guia no caminho da sabedoria e, portanto, da serenidade compreender que não se pode andar de qualquer jeito quando se aspira à tranquilidade da alma. Seria uma questão de gingado? De postura? Sem dúvida, a postura não é neutra:

> Não vês que, quando a alma está abatida, os membros ficam pesados, e as pernas têm preguiça de se mexer? Ela é afeminada? O movimento do corpo trai sua moleza. Ela é ativa, enérgica? O movimento é mais vivo. E quando é demente ou, o que é a mesma coisa, está enraivecida? A desordem está nos movimentos: não andamos, somos levados.

Para Sêneca, o que conta no andar do filósofo, em primeiro lugar, é a relação com o pensamento. Andamos como pensamos, e vice-versa; mas essa equivalência não se expressa particularmente nos ínfimos gestos do andar. Ela adquire sentido principalmente na orientação, no estilo, na função do andar. Tendo como ponto de partida e apoio a ideia de que a vida é uma caminhada. Sêneca, em suas *Cartas a Lucílio*, repete insistentemente: "A partir do dia em que nasces, andas em direção à morte".

Não se trata apenas de um modo de dizer: viver é andar no tempo, entre outras pessoas, em seu próprio ritmo, em relação com a natureza e, portanto, com o bem. O sábio adota um ritmo de avanço que Sêneca descreve nos seguintes termos: "O andar tranquilo e ininterrupto de uma vida que segue sempre a mesma linha". A vida de todo ser humano é uma caminhada, mas a do filósofo em busca de sabedoria deve evitar o mau caminho e os mestres ilusórios: "Quem está ocupado e aprendendo a sabedoria anda sem parar de tombo em tombo".

Como deve andar quem quer alcançar a tranquilidade da alma? Sêneca não poupa conselhos. Em primeiro lugar, o filósofo deve andar à distância, e não no meio da multidão, no burburinho e na azáfama. Andar à distância significa pensar longe da manada, sozinho, na concentração, e não na dispersão. Também é sem obrigações que a caminhada deve fazer o filósofo avançar. O que isso quer dizer? Observe o político, o negociante, o cortesão. Eles vão e vêm, saúdam milhares de pessoas, andam em todos os sentidos, dependendo de quem vão encontrar. E, sobretudo, vão sempre a algum lugar por alguma razão específica, que os obriga a se deslocar. Já o homem sábio segue seu próprio movimento, anda segundo seu passo, sem o ajustar ao de outra pessoa.

Ele também deambula sem um objetivo previamente fixado. Nenhum trajeto lhe é determinado. O aspirante à sabedoria não caminha para ir a certo lugar, decidido pelas circunstâncias, alheio à sua vontade. Pelo contrário, vai apenas aonde ele próprio decide ir. Sem obrigações, por vontade própria, em função da sua autonomia, porque ele não pensa nem age segundo diretivas, incitações ou estímulos das circunstâncias. Deve encontrar dentro ou fora dele as ideias que ele próprio escolhe, por vontade própria, abordar ou não.

Mas há algo mais singular. Encontramos em outros filósofos prescrições de caminhadas solitárias, autônomas e livres, mas Sêneca adiciona uma dimensão que lhe é própria, e não era visível antes dele: o tempo. Não se trata apenas de andar de acordo com o tempo (ao seu ritmo, tranquilamente), mas também de perceber que o próprio tempo anda, que a vida é uma marcha do tempo: "Quando se perde nos prazeres ou na indolência, quando nenhum ato louvável lhe dá emprego, a partir de então, no momento supremo e inevitável, essa vida que não vimos marchar, sentimos que ela passou sem volta", escreveu Sêneca em *Da brevidade da vida*.

Essa equivalência marcha-vida-tempo é tão pouco banal em Sêneca que ele acaba tirando uma consequência inesperada: o filósofo não deambula simplesmente no espaço; ele atravessa os séculos, desloca-se de época em época pela marcha do pensamento, dialoga com Sócrates ou Heráclito como se estivessem lá.

> De todos os mortais, só eles têm o verdadeiro lazer, os que oferecem à sabedoria; só eles sabem viver. Pois não con-tentes em guardar sua parte de existência, adicionam a ela todas as épocas. Já compreenderam todos os anos que se passaram antes deles. Confessemos, sob pena de sermos os mais ingratos dos homens: esses ilustres fundadores das santas doutrinas nasceram para nós, desbravaram a vida para nós. Esses admiráveis conhecimentos, arrancados das trevas e trazidos à luz de todos, é o trabalho de outrem que nos oferece acesso a eles. Nenhum século nos é proibido: todos nos são abertos; e se, por um generoso impulso, queremos transpor os estreitos limites da fraqueza humana, nosso espírito pode situar-se no vasto horizonte dos tempos. Ele pode discutir com Sócrates, duvidar com Carnéades, experimentar o lazer de Epicuro, triunfar sobre a humanidade com os estoicos, ultrapassá-la com os cínicos, enfim, emulação da natureza, compartilhar com ela todos os séculos. Por que desse tempo tão limitado, dessa vida

precária e transitória não se lançar em pleno voo em direção a esses espaços imensos, eternos, onde todos os sábios são nossos concidadãos?

Enfim, essa caminhada em espírito ao longo do tempo também é uma anulação do tempo. Pouco importa que a vida seja curta; a morte, inelutável; a existência, fugaz... A caminhada do sábio supera o tempo.

8

Apolônio de Tiana anda descalço até a Índia

Ele poderia voar, desaparecer aqui, reaparecer lá, mas prefere viajar a pé, durante anos. Para conhecer todos os sábios do mundo.

Ele dizia que a Terra inteira lhe pertencia. Não porque a possuísse, tampouco porque reinasse sobre ela, mas por um único motivo: ele podia andar por todos os lados, em todos os sentidos e livremente. Sem se preocupar com fronteiras, impérios ou reinos. E foi o que fez toda sua vida, conformando seus atos às suas palavras. Descalço, vivendo de esmolas, dormindo nos templos, alimentando-se com um pouco de legumes e frutas, Apolônio de Tiana percorreu quase todo o mundo conhecido pelos homens de seu tempo, em algumas décadas de uma vida de caminhante, profeta e sábio. Foi da Grécia até a Babilônia, depois à Índia, voltou a Roma, partiu para o Egito, a Etiópia, antes de morrer provavelmente na Caxemira... Poucos filósofos andaram tanto. Provavelmente nenhum.

Será que Apolônio bateu um recorde desconhecido, o de maior périplo de sabedoria de todos os tempos? Esse homem alto, de cabelos compridos, barba cerrada, não viajou por prazer, mas para aprender e compartilhar. Andou sem parar para conhecer sábios de todas as nações, de todas as línguas, de todos os tipos. Conversou com os magos da Caldeia, com os brâmanes da Índia, com os gimnosofistas, ou "sábios nus" – nome dado pelos gregos aos *sadhus*, aqueles que renunciam a tudo e vivem à beira do Indo, do Ganges ou em outro lugar, sem casa e sem roupas.

Com exceção dos pés descalços, nada distingue o modo de andar de Apolônio. A particularidade é exatamente a seguinte: sua deambulação nunca parou, transpôs obstáculos e distâncias, atravessou principados, estados, cidades, impérios, desertos e planícies, sem se preocupar com poderes nem com autoridades. Seu andar encarna na realidade uma primeira e antiga mundialização. Estamos no primeiro século da nossa era, no tempo do Império Romano. Apolônio é contemporâneo de Nero e Domiciano, que o perseguiram, segundo dizem.

Esquecemos que aquele tempo já era global. De uma cultura a outra, os sábios se reconheciam, construíam pontes, cumplicidades imediatas mais pareciam reencontros. Apolônio encontrou na Índia preceitos semelhantes aos de seu mestre Pitágoras: vegetarianismo, não violência, castidade, silêncio. Sem esquecer certos poderes supranormais que vêm adicionar-se, como um suplemento, às virtudes dos que renunciam tanto às honras quanto às riquezas.

Em sânscrito, esses poderes se chamam *vibhuti*. Ninguém entre os libertos os procura para si mesmo. Eles vêm como acréscimo, como consequência da imersão no absoluto. Os verdadeiros sábios não se vangloriam de tê-los e até hesitam em usá-los. Ler os pensamentos, deslocar-se à velocidade da luz, estar em vários lugares ao mesmo tempo, saber o que se passa longe ou no futuro... será que isso é realmente interessante, importante?

Apesar de tudo, a lenda diz que Apolônio realizou alguns milagres, *en passant*. Sem estardalhaço, quase às escondidas, curou doentes e até ressuscitou mortos; mas não tinha motivos para se vangloriar. O que lhe importava não era exibir sua sabedoria, mas aumentá-la. De caminho, apesar de tudo, descobriu novas facetas desses poderes que decorrem da sabedoria.

Assim, quando chegou à Índia, depois de se ter aventurado bem mais longe que Alexandre, conheceu brâmanes que lhe descreveram cenas de sua própria infância, fatos que apenas ele conhecia. Esses homens de sabedoria liam pensamentos e andavam na cabeça dos outros com tanta facilidade quanto passeavam à beira do Ganges. Até fizeram Apolônio conhecer suas vidas anteriores: andar no tempo era tão simples para eles quanto deambular no espaço.

Nós nos esquecemos desse lado da história da filosofia, sistematicamente o descartamos, ocultamos e até recusamos. Não sem razão: temos tendência a não considerar filósofos esses sábios magos, taumaturgos e atravessadores de fronteiras, tanto em sentido geográfico quanto espiritual. No entanto, por outro lado, muitas vezes eles são autores de tratados de lógica, metafísica e teoria política. A coerência racional e a magia coabitam em seu espírito de uma maneira que nos desconcerta, porque não a compreendemos mais.

Entretanto, durante séculos, muitos praticaram a adivinhação e os comentários de Platão, as deduções metafísicas e a adoração do sol, a magia branca e a análise lógica. Essas estranhas coabitações atravessam as obras de Plotino, Porfírio, Proclo, Jâmblico e muitos outros. A história da filosofia preferiu manter apenas as obras "apresentáveis" e se esqueceu do resto.

Nós nos esquecemos também que Apolônio foi considerado, durante muitas gerações, um sério concorrente de Jesus Cristo. Um era grego, o outro, judeu. Mas ambos faziam milagres, tinham discípulos e eram considerados homens divinos; e transgrediam com prazer as fronteiras.

Da longa caminhada de Apolônio, uma característica fundamental ainda nos diz respeito: ele caminhou em direção aos outros, lançou-se em busca do Oriente, da Índia, dos sábios da Ásia. Não por gosto do exotismo ou para mudar de ares, mas por uma questão de universalidade. Para nós que rotulamos tudo, que queremos percorrer apenas caminhos e circuitos definidos e percursos bem traçados, essa mistura de gêneros nos incomoda.

Somos a favor da universalidade, mas desde que seja a nossa. Nós, os filósofos, que, como todo mundo sabe, falamos apenas grego, nascemos só na Europa e nos preocupamos apenas com os discursos lógicos.

Sinto muito, mas há muito tempo não sou dessa opinião. Não compartilho desses antolhos e, como outros, experimentei – na Índia, na China e na Judeia – outros modos de andar, que não deixam de ser filosofia. Porque a Terra inteira pertence a ela.

SEGUNDO PASSEIO

EM COMPANHIA DOS CAMINHANTES DO ORIENTE

Eles andam sem sair do lugar,
calam-se ao falar, não pensam
segundo as regras que nos parecem usuais.
São filósofos paradoxais,
mas indiscutivelmente filósofos.

Quando eu era estudante de filosofia, essa disciplina era considerada uma invenção grega, que se tornou um problema europeu e, de maneira mais ampla, ocidental. O uso muito peculiar da razão que caracteriza a filosofia constituiu-se, dizia-se, exclusivamente em torno do mar Mediterrâneo, e em nenhum outro lugar. Tanto na Índia como na China, há poesia, teatro, espiritualidades, inúmeras obras e criações admiráveis e respeitáveis, mas não filosofia. Era o que nos diziam, mobilizando Hegel, Husserl e Heidegger para nos convencer. Esses três "H" do pensamento alemão moderno empregaram a mesma fórmula – cada qual em textos distintos – para falar do nascimento e do desenvolvimento da filosofia: "*Nur bei den Griechen*", "apenas nos gregos". Faz muito tempo que terminei meus estudos, mas quase nada mudou. Sem dúvida, não podemos mais dizer, como dizia Heidegger, que "filosofia indiana" é uma contradição de termos, como "aço de madeira", sem provocar objeções. Inúmeros estudos, entre os quais alguns dos meus[5], contribuíram para mostrar que essas afirmações não apenas são falsas, mas também grotescas. Contudo, o preconceito é tenaz. Longe de ser erradicado, permanece bem vivo.

É por isso que faço questão de dar alguns passos, mesmo que seja em passeios curtos, em companhia de figuras da Ásia e Oriente Próximo. Os gregos conheceram algumas: por exemplo, Onesícrito, discípulo de Diógenes, conheceu os renunciantes indianos

---

5 Em especial *L'oubli de l'Inde: une amnésie philosophique*, Paris, Presses Universitaires de France, 1989; nova edição revista e corrigida, Paris, Le Livre de Poche, 1992, coleção "Biblio-Essais"; reedição Paris, Le Seuil, 2004, coleção "Points Essais", 2004; *Le culte du néant: les philosophes et le Bouddha*, Paris, Le Seuil, 1997; reedição de bolso, Paris, Le Seuil, 2004, coleção "Points Essais"; e *Le silence du Buddha*, Paris, Hermann, 2010.

marchando com as tropas de Alexandre, o Grande, até as margens do Indo. Sobretudo, os próprios gregos chamam de "filósofos", em inúmeros textos, os ascetas nus da Índia, os sacerdotes egípcios, os magos da Caldeia, os sábios judeus e até mesmo os druidas! Eles não faziam essa distinção, puramente moderna, entre "sábios" e "filósofos". Devemos pensar que os gregos não sabiam o que diziam? Temos a pretensão de ser mais rigorosos do que eles eram, saber melhor o que é e o que não é filosófico?

Se chamamos de "filósofo" qualquer um que use a razão para buscar verdades, passá-las pelo crivo, eliminar ilusões recorrendo apenas a regras lógicas e conceitos definidos, então existe uma enorme quantidade de zonas culturais onde se encontram filósofos, falem eles páli, sânscrito, chinês, hebreu ou árabe. E, veja só, esses filósofos também andam.

Andam de outra maneira, indiscutivelmente. Se a razão humana é a mesma em todos os lugares (nenhum ser humano, nem mesmo no Extremo Oriente, é capaz de conceber um círculo quadrado), os usos da racionalidade são dessemelhantes. Não raciocinamos sobre os mesmos objetos nem exatamente do mesmo modo em toda parte. Nem com o mesmo objetivo ou com o mesmo horizonte. Também são dessemelhantes as maneiras de andar. Se o bipedismo é universal, os modos de se manter ereto, de deambular, de viajar são múltiplos. Então, às vezes, o caminhar desses filósofos é desconcertante. Uma razão a mais para segui-los.

9

Buda anda pelo meio

No âmago da prática budista, o caminho do meio indica por onde convém avançar; mas antes é preciso limpar o terreno para percebê-lo.

Antes ele andava como todo mundo. Às vezes por aqui, às vezes por ali. Parava, andava, parava de novo. Ele se deslocava de um ponto a outro. E, assim como todo mundo, tinha a impressão de não estar no seu devido lugar, de não estar simplesmente lá, como deveria, sem nenhum tipo de desconforto. Naquele tempo, era apenas um príncipe mimado, poupado das tristezas do mundo e protegido pela ignorância, porque qualquer espetáculo aflitivo, qualquer motivo de preocupação, era retirado do seu campo de visão.

Dizem que quando o príncipe descobriu a velhice, a doença e a morte, quando viu de frente os horrores da miséria humana, os turbilhões em que nos perdemos, presos às nossas esperanças, ilusões e sofrimentos, ele quis entender. Como é que acabamos presos nessa armadilha? Por que continuamos nela? Será que conseguiremos escapar? Jurou a si mesmo desvendar o segredo do sofrimento e encontrar um remédio para ele, se fosse realmente possível.

Abandonou tudo e partiu a cavalo. Foi encontrar-se com mestres austeros, que lhe impuseram sacrifícios extremos, tão excessivos quanto sua existência superprotegida de outrora. Eles o obrigaram a meditar, orar e jejuar tão intensamente que ele só comia um grão de arroz por dia. Correu risco de morrer, ou aumentar suas dores, sem vislumbrar a saída que buscava.

Então, ele os abandonou também. A pé, dessa vez. Sentou-se debaixo de uma figueira imensa e resolveu que só se moveria quando encontrasse a solução, quando tivesse compreendido o mecanismo do sofrimento e o meio de acabar com ele.

E viu. Despertou. Tornou-se o "Buda", ou seja, o Desperto. Contemplou o movimento íntimo do mundo, abarcou com o olhar o andar secreto de tudo. Falar de compreensão seria correr o risco de nos enganar: o Despertar não é uma operação intelectual, uma análise racional que elucida o real passo a passo, elemento por elemento, argumento por argumento. É uma intuição direta da totalidade, que engloba o detalhe mais ínfimo, mas continua sem demonstração, sem processo lógico.

O que Buda percebeu – sentado, antes de começar a andar de novo – pode ser dito de várias maneiras. Pode ser expresso em mil sermões, em quatro verdades, em um único gesto. Prefiro a formulação mais simples e, sem dúvida, a mais essencial: o caminho do meio. Não se trata apenas de uma imagem, é uma imagem exata – a de um espaço que se abre, de um possível progresso, depois da desobstrução.

Frequentemente imaginamos esse meio como um ponto mediano, uma medida que se deve manter entre os dois extremos. Nem tensão nem relaxamento, por exemplo. Ou então: nem sibarita nem mortificado; nem indiferente nem histérico; nem laxista nem rigorista; etc. Em suma, um equilíbrio, nada mais. Esse meio-termo é o dos gregos, o de Aristóteles, e não o de Buda e de seu caminho.

Porque o gesto que conta para Buda é o distanciamento dos extremos, e não que eles sejam mantidos. Ele abandonou o luxo da corte principesca, abandonou também as mortificações dos mestres austeros... Essa dupla recusa libera um espaço, no qual se deve avançar, e não se manter parado. Não conseguimos ver isso de imediato. Então é preciso insistir.

Todas as nossas interrogações, todas as nossas buscas inquietas, todos os nossos dilemas sem fim estão ligados em pares de opostos. Vida após a morte, ou nenhuma vida? Alma independente do corpo, ou nenhuma alma? O ser ou o nada? Afirmação ou negação?

O que aconteceria se, em vez de ficarmos presos a esses termos contrários, dispensássemos tanto um como o outro? E se desqualificássemos os dois, declarando-os não pertinentes, inúteis, mal-formulados? Nem o ser nem o nada; nem afirmação nem negação; nem alma nem não alma; nem vida eterna nem morte eterna... Talvez, nesse caso, todos os dilemas que opõem pontos de vista antagonistas se revelassem miragens. Os termos opostos são apenas limites sem consistência, que desaparecem como bolhas de sabão.

O que colocar no lugar deles? Novas perguntas? Respostas corretas? Um novo sistema?... Não. Apenas um espaço livre, libertado, uma diagonal aberta, que se abre e liberta tudo, porque é possível andar por ele sem fim (sem objetivo, sem parada, nunca). Isso se chama "vacuidade".

Equivocadamente imaginamos que se trata do vazio – morto, inerte, paralisante. É exatamente o contrário: trata-se do universo em sua realidade última, livre das barreiras ilusórias que construímos nele.

Enfim, andar pelo meio, como fez Buda, é quando olhamos de fora a realidade mais paradoxal que existe. De fato, torna-se possível andar, permanecendo sentado, sem se mexer. Ou o contrário: permanecer parado, deambulando. Isso não significa fazer algo contraditório. Porque esses opostos não existem mais, salvo em superfície. Andar e não andar é a mesma coisa. Assim anda o Buda, pelo meio.

10

Para Lao Zi, é o mundo que anda, não o sábio

Tem sentido dizer que o vento anda?
A mesma pergunta pode ser feita em relação ao sábio.

Ele viajava montado em um jumento. Ou então em um boi. Às vezes, mais raramente, ia em uma charrete, em um veículo desengonçado. O curioso é que não o vemos andar. Lao Zi é quase sempre representado sendo transportado, levado por um animal ou um veículo. Nas raras vezes em que está em pé, está parado, como no lendário encontro com Confúcio.

Por quê? Pode ser que seja um acaso, que jumento ou boi não signifiquem nada. Talvez não haja nada de particular no fato de esse sábio não andar. Mas não estou convencido. Tenho certa tendência a pensar que esse detalhe é ainda mais significativo do que parece.

É verdade que ninguém sabe se Lao Zi existiu realmente. O "Velho Mestre" (é o que seu nome quer dizer) talvez seja apenas uma figura imaginária. A "Velha Criança" (seu nome também tem esse sentido) seria uma personagem de ficção, um viajante que escapou de um conto. Apesar disso, sua imagem atravessou os séculos, inspirou inúmeros comentários e imprimiu a sua marca em toda a cultura chinesa. E, sobretudo, apesar da falta de provas irrefutáveis de sua existência histórica, o texto do *Tao te Ching*, que lhe é atribuído, existe e é bem real.

Pouco importa que esse manual de sabedoria paradoxal seja obra de vários autores ou apenas de Lao Zi, ou ainda de um anônimo desconhecido. A única coisa que interessa é o volume, talvez redigido e abandonado durante uma parada. Na verdade, reza a lenda que, ao chegar ao passo de Hangu, a leste do Império, no último passo antes dos territórios dominados pelos bárbaros, um viajante fez uma parada. Velho letrado, ex-funcionário público, tinha decidido abandonar tudo, fugir do mundo, sem deixar traços. "Quem fala não sabe, quem sabe não fala."

Yin Xi era o vigia do passo. Esse jovem astuto pressentiu a exceção, a grandeza secreta no velhote rabugento que tinha uma queda imoderada por aguardente. A história diz que ele lhe serviu aguardente suficiente, durante alguns dias seguidos, para que Lao Zi começasse a falar, murmurando, a meias-palavras, sobre o que havia entendido do mundo, da vida, dos homens, e como tudo isso funciona. O jovem transcreveu o que ouviu. O velhote pegou a estrada de novo e desapareceu para sempre. Assim, da parada de um sábio bêbado viajando no lombo de um jumento, nasceu esse livro simples e desconcertante que descreve como funcionam a força e a fraqueza, os dois nomes do universo.

Ao ler esse livro, percebemos por que Lao Zi não anda, porque se deixa transportar pelo jumento, pelo boi ou pela carroça: "O imóvel é a fonte de todo movimento", diz o *Tao te Ching*. É em torno do vazio central do cubo do eixo que a roda gira. A criança não fala nem anda, o velhote tampouco, mas as coisas acontecem, vão e vêm, agitam-se em torno deles – por causa de suas necessidades, em resposta a suas expectativas. Entretanto, ainda seria muito fácil e muito simples acreditar que o sábio é sem movimento, passivo, totalmente fadado ao não agir.

Porque esse não agir (*wu wei*) não é inação total, vazio de eficácia, ausência absoluta de efeito sobre o mundo. É até o exato contrário. Longe de ser sem efeito, o não agir do sábio constitui a eficiência suprema, o poder absoluto, a força mais imensa, a que se confunde com a natureza, com o universo, com a própria marcha do mundo.

A "Velha Criança" vive como o vento sopra: sem intenção, sem objetivo, sem planos, imprevisível. Tênue, ínfimo e, no entanto, capaz de erodir as montanhas, dobrar as árvores. O vento se move sem percebermos seus contornos, ele não tem bordas. É ao se retirar – em sua fuga, deslizando, apenas passando – que ele exerce sua potência. Sua força não está nele, ela o atravessa. Ele não a possui, é possuído por ela, porque ele se apaga, deixa o mundo andar em seu lugar.

O sábio faz exatamente como o vento.

É por isso que é o jumento que anda, e não o sábio. De certo modo, o sábio anda, porque deixa as coisas acontecerem. Deixa que o animal, o vento, o universo sigam a sua existência. Nessa passividade absoluta, encontra o poder real, o de abraçar a marcha interna das coisas, sua mais íntima progressão. Portanto, é o mundo que anda, e não o sábio. No entanto, ao não andar, o sábio segue em frente, prossegue, anda mais ainda, e bem melhor do que se colocasse um pé na frente do outro. Esta frase é atribuída a Lao Zi: "As palavras verdadeiras parecem ser paradoxos". Justamente.

11

Confúcio busca o andar correto de todas as coisas

A ordem nos parece fixa, a caminhada, móvel.
Ambos parecem opostos. Na realidade, eles se juntam.

A vida do senhor Kong – mestre Kong, Kong Fuzi, que o latim dos missionários cristãos transformou em Confúcio – é uma longa caminhada. Uma longa caminhada em sentido literal: durante mais de quinze anos, em uma China conturbada, às vezes à beira do caos, ele andou de palácio em palácio, de província em província, em meio a desordens, conflitos e guerras. O mundo sob seus olhos era confuso e dissonante. Nada mais ocupava seu lugar, ninguém mais se comportava como devia. O papel pessoal, a vocação de Confúcio: indicar o caminho para que a ordem fosse restabelecida e consolidada.

Mas sem polícia, força física, poder político ou jurídico. A ordem, para Confúcio, era, em primeiro lugar, uma questão moral. Uma questão de virtude. Entretanto, seria um erro imaginar que essa ordem moral era consequência do respeito cristalizado a um código abstrato, resultado de um sistema ético preexistente que se impunha ao mundo. Não existe nenhuma norma abstrata à qual os comportamentos individuais ou coletivos se devem conformar, custe o que custar. Essa ordem original é natural e cósmica, mas sempre instável, em equilíbrio frágil, e deve ser perpetuamente mantida e reinventada.

Devemos fazer que o mundo humano, a sociedade e todas as suas hierarquias andem, como anda a natureza. "O Céu" – com seus ciclos, suas leis, suas continuidades e suas rupturas – deve servir de modelo. Mas esse modelo se mexe e se ajusta a cada instante, segundo as circunstâncias, as pessoas presentes, as relações estabelecidas.

A particularidade desse equilíbrio móvel é a de se manter entre o estável e o instável, o móvel e o imóvel. Como uma caminhada cujo ideal seria ser ativa, mas marcando o passo. Confúcio não busca um progresso, não estabelece um novo objetivo a ser alcançado. Não indica nenhum horizonte a ser alcançado ao termo de um percurso físico ou mental. Na verdade, ele exige o movimento, a articulação, a versatilidade, o movimento de partida... tudo o que constitui o próprio do andar, mas apenas para continuar lá, em vigília, no lugar exato, na distância exata, sem percorrer nenhum trajeto.

Confúcio chama de *ren* esse andar sem objetivo e sem deslocamento. A melhor tradução que podemos dar é "humanidade". No entanto, não se trata nem de benevolência, nem de um sentimento de solidariedade ou compaixão. É uma questão de distanciamento exato, de tratamento apropriado, de modo adequado de regular as relações humanas. Humanidade, segundo Confúcio, consiste em "tratar o príncipe como príncipe, o súdito como súdito, o pai como pai, o filho como filho". A dificuldade se encontra no fato de que o príncipe, o súdito, o pai, o filho (e todas as figuras imagináveis das relações humanas) nunca são os mesmos, bem como as situações específicas em que se encontram. Em certo sentido, tudo é cristalizado. Em outro, tudo muda constantemente. Como o Céu.

A humanidade exige, portanto, um ajuste interminável. Organizações, ritos, protocolos devem ser fabricados sob medida, a cada instante. Uma série de ajustes contínuos, para que a ordem permaneça em marcha. O paradoxo é que esse movimento, idealmente, transforma-se em repouso. A virtude, a sabedoria e a paz – que são unas – custam esse preço.

12

Hilel e o homem em pé sobre um pé

O que nunca acaba pode começar muito rápido.
Entendemos isso mais tarde.

Hilel é um homem dócil. Atencioso, conciliador, mais atento aos seres humanos do que à letra dos textos. Sempre pronto a compreender, e até desculpar, os desvios de alguns, as provocações de outros. Muitos mestres eram rígidos, ele era conhecido por se abrir a todas as propostas. Nada o abalava. Ninguém nunca conseguiu tirá-lo do sério. Inúmeros espertinhos tentaram irritá-lo, apenas por diversão. Ninguém conseguiu.

Não é o caso de Shamai, seu perfeito contrário. Ele explodia sem nenhum motivo. Não entendia brincadeiras, não tolerava o mínimo desvio da Lei. Para ele, convinha obedecer, e não discutir. Qualquer arranjo em relação às regras era inimaginável. Shamai interpretava tudo de forma literal, e ai de quem desobedecesse às prescrições! Seria severamente repreendido, advertido e até mesmo fisicamente castigado, se fosse necessário.

Esses dois sábios dirigiam juntos o Sinédrio – a assembleia – de Jerusalém. Estamos nos primeiros anos do que mais tarde seria chamado de era cristã. A potência da nação judaica era grande nessa época. As constantes divergências entre Hilel e Shamai não a enfraqueciam em nada. Pelo contrário, o antagonismo entre eles simbolizava, a seu modo, a dissensão interna, o impossível apaziguamento integral que constituía a força do pensamento judaico, o motor secreto de sua perpetuação.

Se essa dupla era simbólica, se se tornou exemplar e célebre, é porque evoca um traço essencial do universo judaico: a não coincidência consigo mesmo, a tensão interna que pressupõe o outro sempre presente na identidade. Na verdade, não é de fato uma dualidade opondo dois elementos separados, estranhos um ao outro: os dois mestres se referem aos mesmos textos, à mesma Lei, e um é tão judeu quanto o outro. Entretanto, têm opiniões opostas, interpretam de modo diferente o que leem, obtêm conclusões inconciliáveis dos mesmos preceitos.

Essa dinâmica interna, ao mesmo tempo conflitante e motriz, lembra o processo de equilíbrio e desequilíbrio que constitui o andar. À primeira vista, essa associação pode surpreender. Quando olhamos mais de perto, revela-se fértil. É verdade que o povo judaico andou muito: para sair do Egito e se livrar da escravidão, para atravessar o mar Vermelho com Moisés, para sobreviver quarenta anos no deserto, para chegar à terra de Israel e depois abandoná-la, quando o Templo foi destruído – a diáspora é feita de inúmeras caminhadas pelas nações. E para voltar à terra natal: o sionismo é constituído de inúmeras caminhadas de volta.

Um breve relato nos faz ver a mesma coisa de outra maneira. Hilel, segundo dizem, recebeu um homem que insistia em se converter com urgência. Aparentemente, um farsante. Em todo caso, um provocador. Na realidade, ele queria que Hilel lhe expusesse, de modo bem resumido, o sentido da Torá. Rapidamente, porque durante a explicação ele ficaria "em pé sobre um pé". Expor o que diz a Bíblia judaica, do Gênesis aos Salmos, extrair em poucas palavras o essencial daquilo que fornece material para estudos incessantes, minuciosos, é impossível. E até mesmo inaceitável. Shamai expulsou o imbecil que lhe ousou fazer o pedido. Já Hilel aceitou responder.

A Bíblia inteira em uma frase? Não tem nenhum problema. "Não faz ao próximo aquilo que não gostas que façam contigo. Eis a Torá inteira", diz Hilel ao homem em pé sobre um pé. "O resto são comentários. Agora vai estudar..." A anedota é célebre. Pouco importa que seja verídica ou lendária. O que se guardou dela foi a tolerância, a mensagem condensada, a importância dada à moral. Nunca se prestou muita atenção ao fato de o homem ter permanecido em pé sobre um pé.

Ele fica parado, não anda. Ou melhor, permanece em suspenso, como se fosse dar um passo e parasse. Ele não pode permanecer muito tempo nessa suspensão: em pé, parado, sobre um pé. As pernas vão formigar, ele vai ter câimbra... e vai perder o equilíbrio. Para receber o sentido da Torá, ele não anda, mas está ao mesmo tempo a ponto de andar, em equilíbrio instável. Quando lhe transmite esse sentido, Hilel adiciona: "Agora vai estudar...". O homem pode andar. E deve. Na verdade, jamais parará de estudar. Porque o pensamento judaico estabelece estreitas relações entre a caminhada, o estudo e a vida, segundo a Lei.

De fato, não nos devemos esquecer de que o próprio termo que designa a vida judaica, a vida segundo a Lei, a *Halachá*, significa "a caminhada", em hebraico. Estudar, praticar, trabalhar para consertar o mundo é uma coisa só, é andar. Por quê? Provavelmente porque se trata sempre de seguir em frente – no sentido dos textos, em direção a mais descobertas do seu sentido prático, no tempo, em direção à humanidade no futuro. Mesmo correndo o risco contínuo, e continuamente evitado, de cair durante o trajeto.

Talvez – essa é a minha hipótese, intuição ou proposta, como quiserem – o homem em pé sobre um pé encarne esse momento parado, fora do tempo e fora da caminhada, quando a Lei é transmitida. Em seu fulgor, e até mesmo em sua dureza. Em seguida vêm a caminhada, a vida, a ação, o estudo, a história – os outros nomes da continuação – para entender o que acontece, para desenvolver e alcançar, em uma caminhada infinita, o que foi dado ao homem em pé sobre um pé.

15

Shânkara, o Absoluto em marcha

Como colocar um pé na frente do outro na não dualidade?

Ele morreu aos 32 anos, provavelmente em uma gruta da Caxemira. Nos anos precedentes, quantos passos deu? Quantos dias andou, debaixo do sol ardente, das chuvas torrenciais das monções, pelas planícies tórridas, pelas montanhas glaciais? Ninguém pode dizer, mas o percurso é fenomenal. Na verdade, atribui-se a esse pensador itinerante, nimbado de lendas, a fundação de mosteiros em regiões da Índia bem longe umas das outras: ao sul, em Carnataca; a oeste, em Guzerate; a leste, em Orissa; e, ao norte, em Utaracanda. Entre uma região e outra, centenas ou milhares de quilômetros.

Sem domicílio, errante, renunciando a tudo, dormindo de templo em templo, o asceta também é conhecido por ter enfrentado, em duros debates intelectuais, os representantes mais aguerridos de todas as escolas de pensamento indianas nas mais diversas regiões. Saiu vitorioso de cada um desses embates, replicando incansavelmente os argumentos mais afiados aos mais tortuosos. "Aquele que traz a felicidade" (é o que significa o nome Shânkara) não era apenas um renunciante atravessando experiências místicas em meio a uma austeridade extrema. Também era um dialético rigoroso, sutil e temido. Um homem de argumentos, definições, conceitos. Manejava objeções como outros manejavam sabres. Sabia não apenas andar de um lado para o outro no subcontinente indiano, mas também desmontar passo a passo um raciocínio falso, derrubar palmo a palmo um adversário partidário de uma doutrina diferente. Incontestavelmente, há filosofia em Shânkara. E de primeira grandeza.

Para nos convencermos, basta estudar seus tratados, ler atentamente os comentários volumosos que redigiu sobre os *Brâhmana* ou o *Bhagavad Gita*. Seus leitores indianos e, mais tarde, seus leitores europeus não se enganaram: a obra de Shânkara constitui um dos monumentos do pensamento especulativo.

Como ele conseguiu, em uma vida tão curta, passar por tantos caminhos físicos e espirituais, alinhar tantos passos e frases? Em parte, isso continua um mistério. Já sua doutrina, não. Se deixarmos de lado as anedotas fabulosas de sua biografia, e se descartarmos as sofisticações teóricas abundantemente multiplicadas em torno de sua doutrina, ela se mostra simplíssima – tão simples que é essa total ausência de aspereza que dificulta expô-la e compreendê-la.

Tudo é *Brahman*, o Absoluto impessoal. "O mundo inteiro e todas as criaturas são realmente *Brahman*", escreve Shânkara. De fato, não existe nem mundo, nem criaturas, visto que tudo é *Brahman*. "Tudo o que parece diferente é sem realidade." "Tudo é uno" significa que nada é separado, existe por si próprio, isolado do resto. Distinções, separações, indivíduos, coisas, sujeito e objeto: miragens, ilusões e aparências. Nada é oposto, não existe dualidade. Nem entre a noite e o dia, nem entre a vigília e o sono, nem entre o espírito e a matéria. Essas oposições são irreais, o trabalho consiste em dissolvê-las, mostrá-las vãs.

Por isso é preciso andar, por caminhos secos ou enlameados, entre argumentos categóricos ou confusos: fazer advir a consciência de que tudo é uno – logo, que os próprios caminhos são sonhos, que as argumentações são miragens. Definitivamente, eis um caminhante paradoxal: ele deve seguir em frente, levar-nos com ele em sua caminhada, mas para tornar evidente que todos esses périplos, tanto os deles quanto os nossos, não existem. Quando tivermos consciência disso, o caminho terá sido percorrido.

14
Milarepa anda na vertical

Os assassinos também se acabam safando.

Suas costas são apenas chagas. Sua pele não aguentou carregar montes de tijolos, sacos de pedras, vigas e barrotes. Desde manhã até a noite, dia após dia, estação após estação, ano após ano, ele cumpre a ordem de construir casas. Uma, duas, três, cinco, sete casas, de vários andares. Sua libertação deve passar por essa prova. Então ele sobe, agarra-se aos montantes e ergue o fardo até a travessa seguinte. Mesmo com as costas ensanguentadas, continua subindo a escada, de degrau em degrau. Ele anda na vertical.

Por quê? Porque Marpa mandou. O mestre ordenou. Ele deve obedecer. Deve andar para cima, erguer a carga com ele, apesar da dor e do cansaço. E apesar até mesmo do desespero, porque às vezes ele se dá conta da imensidão da tarefa. Ao contrário do mestre Marpa. Será que ficou louco? Será que é cruel? Será que resolveu fazê-lo morrer?

As casas construídas à custa de esforços extraordinários, ano após ano, sozinho no canteiro de obras, e pendurado entre a terra e o céu, ele deve demoli-las. Elas não servem. Ele tem de construir outras, erguer milhares de vezes a carga de pedras e tijolos. Mas as novas também não servem. Têm de ser reconstruídas. E ele constrói outras.

Ele acha que vai enlouquecer. Nunca vai conseguir. A tarefa é sem fim, extenuante, avassaladora, inútil. Absolutamente inútil. A liberdade é apenas um sonho. Uma ilusão, uma mentira. Definitivamente, o mestre Marpa não é mestre nem sábio. É um carrasco perverso, demente. A única saída é suicidar-se. Enfim, parar de subir e descer, não andar mais para cima, para baixo, para cima, na escada que chacoalha a cada movimento.

A razão desse andar absurdo é seu passado, que deve ser dissolvido. Dissolvido, e não expiado. A expiação é cristã. Supõe a falta, o castigo, o pecado. No Himalaia, as coisas são diferentes. Ele deve esvaziar o fardo dos seus crimes, da sua violência, da sua antiga raiva. O horror que ele cometeu cabe em poucas palavras.

Quando completou 7 anos, viu o pai morrer. Esse pai tinha nomeado o irmão e a cunhada responsáveis pelos bens herdados pelo pequeno e pela mãe. O tio e a tia logo se revelaram gananciosos e desleais, expulsaram a criança e a mãe de casa, exilando-os e levando-os à miséria.

Então, começou a planejar a vingança, fazê-los pagar por essa infâmia. Tornou-se sábio, aprendeu magia, adquiriu poderes consideráveis, a ponto de um dia destruir, de uma só vez, o tio, a tia e toda sua família... Trinta e cinco pessoas! Trinta e cinco mortes, que fizeram a alegria de sua mãe e o encheram de orgulho.

Leva tempo para dissolver 35 assassinatos e tanta alegria ruim. Os tijolos, as pedras, as vigas, as costas ensanguentadas correspondem a esse peso acumulado, essa antiga derrota da qual se deve desfazer, travessa após travessa, andando para cima. É óbvio que o mestre Marpa viu tudo isso desde o primeiro dia, na primeira olhada.

Nada indicava que aquele seria o último saco, a última travessa, o fim do pesadelo. É impossível pressenti-los, porque isso pertence ao outro lado do mundo – o que não é sem peso, sem esforço, sem sofrimento, sem tormento. Um mundo sem frio, onde basta a respiração para se manter aquecido.

Quando chegou a esse ponto de libertação, o homem das costas ensanguentadas mereceu seu nome: Mila-*repa*, Mila-algodão, Mila "vestido de algodão", porque, mesmo nos piores invernos das altas montanhas, ele tinha sobre a pele apenas uma leve túnica de algodão. Sua respiração, agora livre, era suficientemente poderosa para mantê-lo aquecido.

Milarepa se tornou mestre, sábio, criador, modelo para muitos. Redigiu os *Cem mil cânticos*. Ele não tinha mais escada, mas continuava a subir. Sem fardo, sem dor.

"Quando atingires o topo da montanha, continua a subir." Esse provérbio *zen* não é de Milarepa, mas poderia ser.

Aqueles que perguntam se essa história é realmente uma história de filósofo enganam-se. Com certeza.

PAUSA

O PENSAMENTO FILOSÓFICO É UM MODO DE ANDAR?

Vamos fazer uma pequena pausa. Vamos parar de percorrer os séculos, as doutrinas, os continentes... Em breve, será a hora de retomarmos o caminho, de descobrirmos novas paisagens. Uma pausa é bem-vinda. Mais tarde veremos onde essa aventura nos levará. No momento, não tenho a mínima ideia. Não pense que sei aonde vamos. É verdade que teoricamente sou o guia e devo mostrar o caminho. Mas nem eu ainda o percorri! Não estou regressando a caminhos pelos quais passei sozinho. Pelo contrário, eu os estou descobrindo ao mesmo tempo e na mesma medida que você.

É claro que conheço de longa data esses filósofos que vimos seguindo, com os quais cruzamos. Gregos, romanos, indianos, chineses, tibetanos, hebreus, eles acompanharam grandes partes da minha vida. E não só eles... Também devo adicionar muitos modernos, desde o classicismo até hoje, que, sem dúvida, nos farão companhia. Entretanto, embora me sejam familiares, devo confessar uma coisa: nunca os vi andar antes. Ou melhor, nunca tinha notado.

Cenas de caminhada que atravessam tantas obras, inúmeras imagens e expressões nas quais o caminhar está presente, seus diferentes sentidos, suas ramificações... Tudo isso, sinceramente, escapou-me. Assim como para a maioria dos leitores, diga-se de passagem. Seguindo esse fio, tenho a sensação de estar fazendo uma descoberta. Mínima, é lógico. Nada que revolucione o pensamento, tenho consciência disso, e ainda bem, porque desconfio de miragens que anunciam, três vezes por dia, rupturas fantásticas que duram apenas uma noite. Essas histórias de marchas e filósofos não pretendem mudar o mundo, e essa modéstia lhes convém.

Apesar de tudo, elas constituem realmente uma descoberta em sua justa proporção, pelo menos para mim, e, sem dúvida, para você. Porque elas iluminam, com uma luz suave, detalhes inimagináveis, e talvez até mesmo perspectivas inesperadas. E, insisto, estou descobrindo passo a passo esses detalhes e essas perspectivas, mais ou menos como vemos, quando estamos caminhando, a paisagem mudar hora a hora.

Assim, esses passeios em companhia dos filósofos devem ser imaginados como uma experiência, mas não nos podemos esquecer de que esse termo tem vários sentidos. Uma experiência é uma tentativa, um protocolo especial, elaborado para ver o que não enxergamos habitualmente. Então, seguir a caminhada de alguns filósofos é aproximar-se deles de uma forma incomum e, assim, ao menos de vez em quando, descobrir ideias diferentes. Mas uma experiência também é um tempo de vivência, que cada um deve experimentar por si mesmo: ninguém consegue explicar um sabor, uma música, uma cor exata... Você deve experimentá-los para começar a conhecê-los.

A mesma coisa acontece com a caminhada. Tudo que podemos dizer seria inútil se você e eu nunca tivéssemos caminhado. Se, por falta de experiência, não tivéssemos a mínima ideia do que quer dizer andar, esses relatos não nos ensinariam nada. Mas nós andamos, andamos desde há muito tempo, e temos uma experiência constante dessa mobilidade. Mas o problema é que não pensamos nela. Nós nos deslocamos pelo andar, mas não sentimos o que implica andar. Não sabemos claramente o que quer dizer andar nem o que andar pode fazer.

É exatamente nesse ponto que a filosofia nos pode ajudar. Organizando uma revisitação da nossa experiência. Oferecendo uma possibilidade de pensarmos sobre aquilo que fazemos habitualmente sem pensar. Revelando, durante a caminhada – sua mecânica, seu princípio, suas modalidades –, características que nos são ao mesmo tempo familiares e desconhecidas justamente por causa dessa familiaridade.

Mas por que a filosofia pode esclarecer a caminhada do ser humano de uma maneira diferente? Vejo apenas duas hipóteses. Uma é frágil: ela vai dizer que a filosofia esclarece tudo, inclusive a caminhada, assim como permite abordar de uma maneira diferente quase toda realidade humana. A outra vai afirmar que existe um parentesco entre o andar e a filosofia. Há uma proximidade singular entre o andar do ser humano e o pensamento filosófico que nos permite compreender um por meio do outro. Essa última hipótese é bem mais interessante, mas exige alguns esclarecimentos.

Do andar ao pensamento

Qual é a relação entre o andar e o pensamento? Não se trata de uma conexão direta, uma relação imediata de causa e efeito. É impossível dizer: "Ando, logo penso". Nada me permite deduzir do fato de andar que penso necessariamente. Também é impossível comparar com rigor o andar e o pensamento, e por uma razão muito simples: existem vários tipos de pensamentos distintos: por associação de ideias, por imagens, por rememoração, por antecipação, por conceitos e deduções, por reflexo... O pensamento pode designar uma atividade intelectual, imaginativa, intuitiva... Portanto, toda relação com a caminhada seria feita de modo aproximativo e incerto.

Entretanto, tenho a impressão de que, se abandonarmos o registro do "pensamento geral" e nos preocuparmos com o pensamento filosófico e seu procedimento próprio, certa semelhança com a caminhada torna-se muito mais clara. Essa semelhança não é uma identidade. A caminhada e a filosofia não são nem estritamente idênticas nem exatamente sobreponíveis, mas têm traços comuns, analogias de estrutura. Foram evocadas, apenas vislumbradas, no começo deste livro. Chegou a hora de voltar a elas para vê-la com mais clareza.

O andar humano abandonou a postura animal, a vida a quatro patas, e ergueu-se, pôs-se ereto e avançou sobre dois pés. O pensamento filosófico também é uma maneira de se erguer, de deixar de olhar rente ao chão, de caminhar em pé. Aliás, o que quer dizer "pensar em pé"? Olhar para cima, preocupar-se com o absoluto, com o céu e a eternidade, com o infinito, o horizonte, a verdade. Isso não implica que o eixo de todo pensamento filosófico seja obrigatoriamente as verdades eternas, as questões metafísicas e as considerações sublimes.

Pelo contrário, é perfeitamente possível esquadrinhar objetos ínfimos, gestos modestos, manter os olhos rentes ao chão e, no entanto, "pensar para cima". Não existe nenhuma incompatibilidade entre a insignificância e a pequenez dos objetos considerados e a altura do olhar que se lança sobre eles. A filosofia, enquanto pensamento em pé, pensamento erguido, pode preocupar-se com objetos ínfimos, eventualmente abjetos e desprezíveis, para buscar fragmentos do absoluto e das verdades duráveis que existem neles. Desse ponto de vista, é inútil opor os que olham para o céu e os que decifram a terra. Todos estão em pé. Todos pensam na direção da verdade, logo, do infinito.

Portanto, devemos ir além de Rafael. No quadro intitulado *Escola de Atenas*, o pintor retrata Platão com o dedo esticado para cima, indicando com isso que devemos erguer nossa reflexão em direção ao céu, aos astros, às formas fixas e imutáveis. Ao lado dele, Aristóteles olha para o chão, dizendo com isso que a busca do filósofo deve interessar-se pelas coisas terrenas, pelo que temos sob os olhos – verdades experimentais do mundo sensível, em vez de especulações teóricas. Essa oposição é parcialmente verdadeira, mas facilmente resolvida. Porque olhar "para baixo" – para as coisas e o mundo, para as experiências e as observações terrenas – também é uma maneira de perceber nelas as verdades que nos atraem "para cima", para os fragmentos do absoluto.

Pouco importa que o objetivo seja classificar as formas das samambaias, o intestino dos peixes, a estrutura dos olhos de diferentes espécies ou seus modos de locomoção. Devemos ver sempre além da própria matéria. Pensar em pé é perceber outra dimensão, mesmo no interior das singularidades ínfimas. Cada classificação, cada sinal, cada estrutura de ordem revela uma possibilidade de escaparmos da posição rasa, de dominarmos o caos.

Entretanto, pensar em pé, obviamente, não é próprio apenas à filosofia. O mesmo movimento está presente nas atividades de pensamento mais variadas e mais diferentes da filosofia: poesia, teologia, pesquisa científica. Então devemos completar essa primeira abordagem com outra e, ainda, especificar o que, sendo próprio ao pensamento filosófico, relaciona-o com o andar. Estreitamente, dessa vez.

Quase cair

Não existe filosofia sem crítica, sem questionamento das evidências, sem interrogação do que achamos saber. Em suma, não existe filosofia sem desestabilização. Isso lembra a queda que começa e é evitada, é provocada e de novo evitada, própria ao andar humano sobre dois pés. A filosofia talvez seja o melhor exemplo de um pensamento bípede, se me permitem a expressão. Mas o que isso quer dizer?

De volta ao andar: já dissemos que o andar supõe uma desestabilização que nos faz passar da posição imóvel, estável, bem apoiada no chão, para um começo de queda que deve ser evitada, estabilizada. Ora, se observarmos o *modus operandi* do pensamento filosófico, vamos constatar que ele é parecido, em seu próprio âmbito, com esse processo do andar.

A caminhada filosófica sempre começa com um questionamento, um sobressalto. Uma questão, uma dúvida abala o que se acreditava certo. Você estava tranquilo, aconchegado em suas certezas e convicções. Você perde essa tranquilidade quando uma interrogação faz vacilar essas evidências. Essa prática do choque é empregada pelos filósofos desde a Antiguidade.

Por exemplo, você tem certeza de que o mundo é exatamente como você o percebe. Está certo de que pode confiar em seus sentidos. A questão nem se coloca: vejo o que existe; logo, conheço a realidade. Os primeiros filósofos puseram o pensamento ocidental em marcha precisamente desestabilizando essa pretensa evidência, atrapalhando essa distração enganosa. Perguntaram: "Você acredita ver o que é, mas o que você vê corresponde realmente à realidade? Você nunca se enganou? Nunca tomou uma coisa por outra? Nunca descobriu, ao chegar mais perto, que o que acreditava ter visto de longe não era nada daquilo que tinha imaginado? Lógico, isso aconteceu com você, assim como com todos nós... Então, como você pode ter tanta certeza de que não é o caso?".

O primeiro movimento do pensamento filosófico é desestabilizar as percepções, essas evidências iniciais e estáveis. E o tranco não para aí. Ele afeta, de maneira progressiva, todas as crenças, evidências e convicções. Sócrates abalou as convicções de seus interlocutores. Descartes chegou a destruir a confiança nos números e nas figuras geométricas. Nietzsche suspeitava que a virtude não era virtuosa, e a verdade era completamente diferente de um dado objetivo.

A filosofia sempre começa dando uma rasteira nas certezas.

"Ah! Você acredita nisso? Mas tem mesmo certeza?" Esse teste é uma desestabilização. Pouco importa que venha de um questionamento sobre os nossos sentidos, a realidade do tempo, as formas do espaço ou os fundamentos da lógica, da política e da moral. Em todos esses casos, o tranco que a filosofia dá nas nossas certezas familiares pode ser comparado com o início da queda provocada pelo primeiro movimento do andar.

O questionamento que estremece as evidências nos dá a impressão de que vamos cair. De repente, o mundo familiar e seguro se revela duvidoso. Os pilares onde nos apoiávamos escapam. Essa desestabilização é normalmente resultado do mesmo gesto de sobressalto: "Você acha que sabe? Pois é, você não sabe!"; "Você tem certeza de que tudo isso é familiar? Olhe de outra maneira, você vai ficar surpreso."

Esse distanciamento da evidência provoca um desequilíbrio, um princípio de desordem, eventualmente de vertigem, uma espécie de queda que nos faz não saber mais onde estamos, pois temos a impressão de que o que nos sustentava antes não nos sustenta mais. Portanto, vamos cair. O remédio é reequilibrar-se, encontrar uma saída, proporcionar, na medida do possível, a si mesmo os meios para uma nova estabilidade. Se aquilo em que eu acreditava não é realmente a realidade, qual seria a realidade então? Qual seria a hipótese correta? Como formulá-la? Como verificá-la? Como eu poderia construir um novo chão, encontrar uma base de estabilidade?

Reequilíbrio instável

Reequilibrar-se, jogar a outra perna para a frente, restabelecer o equilíbrio, eis o segundo momento do andar. Essa segunda fase está presente no movimento da filosofia: depois do questionamento, a busca de uma verdade – mesmo que provisória, hipotética, parcial... – vai permitir retomar o pé, erguer-se, restabelecer o equilíbrio.

As antigas evidências vão ser destruídas. Mas será que nenhuma vai resistir, em nenhum lugar? No mínimo, vamos ter certeza de que nada é certo... Cada tranco corresponde a um retorno ao equilíbrio. A certeza que desmorona dá lugar a uma convicção nova, oriunda da prova. Alguma coisa sempre sobra, ou se oferece. Para servir de apoio. Para sairmos da incerteza. Para nos recompor. Enfim, escapamos. Mas não por muito tempo...

Porque essa nova verdade, na qual pensávamos poder apoiar-nos também vai ser questionada. Também vai ser criticada, examinada e atacada por uma série de objeções para complicá-la. Mal conseguimos equilibrar-nos e o equilíbrio se rompe novamente. E isso não para nunca! Uma vez que a máquina da dúvida é ligada, uma vez que a filosofia entra em ação, cada verdade é submetida à corrosão. As novas respostas às objeções são expostas às chamas da crítica. E assim por diante...

A progressão do pensamento na filosofia acontece do mesmo jeito que o processo de progressão do corpo humano em marcha: um começo de queda e reequilíbrio, desestabilização e recuperação, nova desestabilização e nova recuperação... indefinidamente.

Indefinidamente, porque perdemos para sempre a imobilidade original, se é que ela já existiu algum dia. A cada vez, o progresso – do corpo em direção a um lugar, do pensamento em direção a uma verdade – toma a forma de uma queda produzida e evitada. Na história ocidental, esse progresso sempre passou de uma evidência ao seu questionamento, de uma segunda evidência de ajuste ao seu questionamento, e assim por diante, tanto na filosofia quanto na ciência. Seja nos sistemas filosóficos, seja nas teorias científicas, seja nas doutrinas políticas, seja nos universos estéticos, pouco importa, o mesmo movimento sempre se reproduz: derrubar, equilibrar, derrubar de novo, equilibrar de novo... para avançar.

Não por acaso essa forma de andar é chamada em todos os lugares de "progresso". Quem diz progresso, na verdade, diz andar. *Gradus*, em latim, é passo, grau. *Gradi* é andar. O progresso (*pro-gressus*) é o que faz avançar, dar um passo para frente. E isso vale tanto para o mundo físico quanto para o mundo mental. Nesse sentido, a caminhada do pensamento filosófico em busca da verdade tem uma profunda e precisa correspondência com a caminhada do ser humano, que vai de um lugar para outro.

Mas em que base?

Vamos admitir que essa analogia seja válida. Se a caminhada física e o pensamento filosófico são parecidos, se apresentam o mesmo tipo de estrutura fundadora, isso não diz em que elemento o pensamento filosófico se desloca. Nosso corpo, quando anda, move-se no espaço. Quando o pensamento filosófico anda, onde se move? Na linguagem? No tempo? Em uma forma de espaço temporalizado?

A filosofia busca o verdadeiro, o estável, e também quer avançar em direção ao melhor, ao bem, marcar um progresso, tornar o pensamento mais seguro, mais firme, capaz de manter algo que não escape mais. De certo modo, todo o pensamento filosófico é construído em torno dessa busca de um elemento resistente, que não seja mais corruptível.

Buscar uma verdade – princípio, fundamento, evidência original... – é tentar fazer que a caminhada pare ou continue em terreno firme. Será que os filósofos, ao longo dos séculos, não se puseram em marcha apenas com a ideia de parar um dia? É o que se pode achar vendo todos os que quiseram alcançar o elemento final – o Bem de Platão, o Primeiro Motor de Aristóteles, o *Uno* de Plotino, o *Cogito* de Descartes, a substância infinitamente infinita de Espinosa etc.

Os filósofos sempre buscaram algo que resistisse a todas as desestabilizações, a todas as tentativas de corrosão. Sonharam com uma pedra filosofal que suportasse intacta todas as tentativas imagináveis de fratura, oxidação ou destruição. Buscaram uma verdade que não pudesse, ou não pudesse mais, ser sujeita nem à desestabilização, nem à queda.

No entanto, isso não mostra por onde anda o pensamento filosófico, em que lugar, em que tipo de terreno. A resposta mais simples é: ele anda no elemento que lhe é próprio, a representação. Não no mundo físico e espacial, mas na maneira como "representamos" esse mundo e nosso lugar em seu interior e nas correlações entre a nossa existência e esse mundo. O trabalho permanente de desestabilização e equilíbrio do pensamento filosófico faz o pensamento andar nesse espaço específico: a representação.

Mas para onde? Será que é para conseguir sair da representação, alcançar o real, o mundo tal como ele é, as próprias coisas? Ou, se aceitamos que essa saída é ilusória, porque sempre estamos em nossa cabeça e em nenhum outro lugar, será que é para progredir na representação? O que significa encontrar o novo, o mais sólido, o mais afiado, o mais representativo – no espaço da representação, pois vivemos apenas no mundo que pensamos e em nenhum outro.

Pensar melhor seria então o que faz o pensamento filosófico andar, o que o ajuda a avançar? Quanto mais forte e fina, maleável e adaptável, mais a ideia contribui para o aperfeiçoamento da representação. Encontrar tais ideias, questioná-las, relacioná-las, constitui a tarefa da filosofia.

No entanto, uma questão difícil continua suspensa. Como o pensamento filosófico, apoiando-se e caminhando na representação, pode produzir efeitos no mundo com a sua caminhada? Pois esses efeitos reais parecem independentes da representação.

Ou afirmamos que a filosofia é puro exercício teórico, sem nenhum impacto sobre a realidade, a história e a sociedade, e a questão desaparece.

Ou aceitamos que o andar da filosofia influencia a vida dos seres humanos, e, nesse caso, temos de nos esforçar para compreender como esse andar na representação pode influenciar o caminhar do mundo. De que maneira a filosofia, trabalhando na representação, pode impactar o mundo, que está fora da representação?

A resposta é complicada e, talvez, esteja fora do nosso alcance. Provisoriamente, primeiro teríamos de corrigir a fórmula de Schopenhauer ("O mundo é minha representação") e substituí-la por uma fórmula mais limitada e mais modesta, mas também mais precisa. Por exemplo: "O mundo é (em parte oriundo da) minha representação". O que quer dizer: nossa relação com o real nunca é bruta, mas sempre filtrada, de um jeito ou de outro, por nossas maneiras de pensar, nossos sistemas de referência, nossa concepção do seu funcionamento.

Se a filosofia modifica essas maneiras de pensar, mesmo que de modo marginal, ela também modifica nossa relação com o mundo e, portanto, indiretamente esse mesmo mundo, que depende da maneira como o abordamos.

Resta entender por quais meios os filósofos modificam nossas representações. Será que é pela maneira de andar pela língua, pela lógica, pelos métodos de saber? Talvez; mas, para saber mais, temos de acompanhá-los em suas viagens.

TERCEIRO PASSEIO

EM COMPANHIA DE CAMINHANTES METÓDICOS E PASSEADORES LIVRES

Uns seguem com rigor
os caminhos traçados.
Progridem passo a passo
em direção a novos conhecimentos.
Outros confiam no prazer,
no acaso, nas surpresas.

Seria a filosofia uma caminhada? Pelo menos uma maneira de andar? Imagino que você ainda esteja um pouco reticente, não muito convencido. Sem dúvida, você deve achar que me contento com palavras, que interpreto ao pé da letra o que é apenas um modo de falar. Enfim, vamos continuar. Talvez os próximos relatos, os encontros e as reflexões que eles propõem façam você ver as coisas de outra maneira. Na verdade, vamos descobrir que a nossa maneira de avançar é a mesma da argumentação: ela começa desestabilizando o ponto de apoio, ameaça cair, equilibra-se com uma resposta à objeção incômoda que, por sua vez, é submetida a uma crítica.

Vamos ver com clareza que toda demonstração é realmente uma caminhada. Ela sempre parte de um ponto preciso (constatação inicial, intuição, pergunta) e se esforça para chegar a outro ponto (conclusão, resultado, veracidade ou falsidade). Entre a partida e a chegada, as etapas são como os passos de uma caminhada: marco a marco, a demonstração progride, os passos se encadeiam, e a argumentação avança.

Pouco importa que o trajeto seja longo, que não sejamos capazes de abranger o percurso todo apenas com um olhar, quando inúmeros passos se intercalam entre a partida e a conclusão. A partir do momento em que cada progresso é certo, cada etapa está garantida, cada marco se apoia no anterior, a viagem é válida.

Descartes insistiu vigorosamente nesse ponto e nas "longas cadeias de razões" que garantem a solidez de um percurso lógico: mesmo que eu não consiga ver toda a demonstração, abrangê-la com o olhar, continuo confiante na validade do resultado, porque me assegurei da retidão de cada etapa. Os pensadores do classicismo concordam com essa importante ideia. Todos veem o conhecimento racional como uma caminhada que avança em direção à verdade e consegue alcançá-la, se têm o cuidado de não dar um passo em falso.

Esses filósofos não se esqueceram, mesmo quando não o dizem, de que um método (met-*odos*) é, em primeiro lugar, um caminho (*odos*). Pensar com método é andar com eficiência segundo os caminhos da lógica, alcançando assim as verdades e, a partir delas, mais outras, que, embora sejam novas, não deixam de ser verdadeiras. Todo método tem como objetivo aumentar o conhecimento, ir além das fronteiras antigas.

Outros filósofos opuseram essa exigência de método às maneiras de andar sem objetivo na região das ideias, às vezes sem bússola, guiados apenas pelo prazer da caminhada, que segue em frente, sem prever nada. Caminhada sem regras, sem destino fixo. O passeio não é como a demonstração: ele não aumenta o saber, mas intensifica o prazer.

A caminhada metódica é precisa, o passeio quer diversão. Um restringe, o outro liberta. O método é rentável, seus resultados são tangíveis. O passeio se justifica apenas pelo desejo de ser livre, viver, pensar e andar à vontade.

Um não exclui necessariamente o outro. Porque, apesar de tudo, não são nem os mesmos filósofos, nem os mesmos momentos de história que privilegiam o método ou preferem o passeio. Você vai ver ao caminhar com uns e outros.

15

Guilherme de Ockham suprime os passos inúteis

Para esse maldito monge, o importante é começar certificando-se de que as palavras não nos fazem andar fora da realidade.

A Idade Média não acabou, e o Renascimento nem começou. No entanto, as coisas estavam mudando na Europa, no fim do século XIII. É nesse momento que Guilherme de Ockham nasce na Inglaterra, no condado de Surrey. E, como quem não quer nada, em poucos anos esse monge franciscano fez uma limpeza na filosofia, escrevendo meia dúzia de textos. Ele mudou o registro, o tempo, a perspectiva da filosofia. Com ele, ela andou diferente.

Guilherme de Ockham percorreu a Europa, muito frequentemente a pé. De Oxford, continuou os estudos em Paris, e voltou para lecionar. Foi convocado pelo papa em Avignon: seus escritos cheiravam a heresia. Foi ao encontro de Luís da Baviera, em Pisa, e depois em Munique, onde publicou textos e lecionou até sua morte, em 1347. Naquela época, a universidade era europeia; os clérigos circulavam de país em país, falavam e liam uma mesma língua: o latim. As ideias andavam com os homens, difundiam-se e confrontavam-se com uma nova vivacidade.

Os filósofos itinerantes eram abundantes na época de Ockham.

Aliás, todas as pessoas de saber – do direito à medicina, da teologia à lógica – percorreram a Europa durante séculos, de leste a oeste, de norte a sul, com mais facilidade que nós. Mais devagar que nós, é verdade, mas com muito mais evidência e simplicidade. Mas não foram as peregrinações que fizeram de Guilherme de Ockham um mestre notável.

A grande reviravolta inaugurada por ele não foi provocada por suas deambulações geográficas. Será que teve a ver com o fato de ele andar a pé? Não tenho tanta certeza. Na realidade, vamos entender mais claramente com esse filósofo do que com qualquer outro quão estreitamente relacionados estão o falar, o pensar e o andar.

A primeira atividade que interessou ao nosso homem foi o falar. Ele buscou entender como as frases avançam e questionou-se sobre seus caminhos. Descobriu que os termos que usamos a todo instante não têm o mesmo alcance nem o mesmo sentido no pensamento. Melhor ainda, ou pior: um único e mesmo termo, idêntico em sua aparência, pode cumprir funções totalmente distintas. Por exemplo: "O homem atravessa a rua"; "O homem é um animal racional"; "*Homem* é uma palavra de cinco letras". A palavra *homem* não muda, mas tem três usos perfeitamente distintos do ponto de vista lógico. O homem que "atravessa a rua" designa um indivíduo, o "animal racional" designa uma espécie, a "palavra de cinco letras" descreve um termo específico da língua. Prestar atenção a essas distinções, passá-las pelo crivo da análise e tirar conclusões era o que exigia Guilherme de Ockham. Por que isso foi uma reviravolta? Porque esse filtro eliminou inúmeras questões que na época eram consideradas reais e profundas. Elas se dissiparam, desvaneceram, revelando que não correspondiam a nada.

Assim, o homem "que atravessa a rua" existe realmente, da mesma maneira que, em sentido completamente oposto, *homem* como uma palavra de "cinco letras". Mas o homem em geral, como espécie, como animal racional (ou não...), esse homem não existe – salvo em nosso espírito, como instrumento, para reunir artificialmente a coleção de todos os seres humanos. Na realidade, existem apenas indivíduos, seres singulares, distintos e dessemelhantes. Quando falamos do "homem" – ou da "árvore" ou da "folha"... – não designamos nada de real. São apenas ficções, forjadas pelo nosso espírito. Úteis, talvez. Até mesmo inevitáveis. Mas sem consistência.

Os filósofos se enganaram ao tomá-las por realidades. Confundiram seres de razão com existências efetivas. Construindo hipóteses, análises e controvérsias sobre elas, os filósofos apenas se agitaram. E perderam tempo.

Agora você entende por que Guilherme de Ockham é mais perigoso do que você imagina. Mas ele não se contentou em tirar os itinerários enganosos dos mapas da filosofia: ele também jogou fora partes inteiras do pensamento. Por exemplo, ele explicou por que a venerável questão do "ser enquanto ser" é completamente sem sentido, sem objeto e inútil. A metafísica inteira foi parar na lixeira.

Ockham foi o primeiro a distinguir claramente o que dizemos, o que pensamos e o que existe no mundo, e a tirar as consequências da separação desses registros. Ele esboçou a grande desobstrução praticada por nossos contemporâneos quase seiscentos anos antes de Wittgenstein e da filosofia analítica.

O que isso tem a ver com a caminhada? Tudo, porque o que Ockham captura é a economia do andar no pensamento e sua particularidade. No mundo físico, é melhor evitar os passos inúteis.

O homem que atravessa a rua quer atravessá-la com eficiência, não está ali a passeio, portanto usará o caminho mais curto, não vai atravessá-la em diagonal ou em zigue-zague.

Porém, no pensamento, as coisas são diferentes. Ele se expõe ao risco de dar passos demais, para nada. O risco que ele corre, na verdade, é dar passos "falsos", "passos em falso". Esses passos em falso não querem dizer torcer o pé, mas acreditar que se está andando quando se está apenas sonhando, sob neblina fosforescente. A maior armadilha que espreita o pensamento é acreditar que ele está avançando em terreno firme, quando na verdade está parado, sem ir a lugar nenhum, enroscado sem saber na miragem das palavras.

Consequentemente, para o pensamento, andar com eficiência não consiste apenas em seguir o bom itinerário, mas partir com a certeza de encontrar uma paisagem que corresponda de fato a algo.

16

Montaigne, aos "saltos e cambalhotas"

Nada é fixo em seu universo, tudo flutua constantemente, tanto as coisas como os homens, tanto os humores como os julgamentos.

Ele também andou. E muito tempo. Mas não como pensamos. Sem dúvida, fez trajetos a pé. Desde a infância, no Périgueux, até as vielas de Paris, a cidade do seu coração. Foi de Bordeaux até a Itália em geral sobre o lombo do cavalo, durante dias inteiros, mas também foi visto com frequência deambulando, ora despreocupado, ora com pressa, com pessoas importantes ou passeando a bel-prazer.

Montaigne gostava de andar. Dizia e insistia. Não pela caminhada em si, mas por estimular o pensamento. Refletia com as pernas. Para ele, pensar é, sobretudo, um movimento, uma atividade física. Quando queria filosofar, não conseguia ficar sentado, com a bunda na cadeira. Até mesmo para escrever, nunca ficava estático, imóvel, inerte.

Era andando de um lado para o outro na sua "livraria" – o salão redondo reformado para servir de biblioteca na torre do castelo de Eyquem – que Montaigne costumava ditar o texto dos *Ensaios*. Ele não ficava pregado em sua mesa. Não ficava sentado nem rígido. Ia e vinha, avançava, virava, voltava. Escrever-pensar estava relacionado com os pés, com os passos. E, portanto, com a caminhada.

Mas não como se imagina. Não devemos pensar, pura e simplesmente, que o homem precisava mexer-se para pensar. Como se precisasse imperativamente bater pernas para ativar os neurônios. Há certa verdade nisso, é claro. Mas o sentido e o alcance do seu andar são mais sutis. Porque nada, nunca, em Montaigne, é "como se imagina". Ele desconcertava as crenças, destruía as convenções e os preconceitos. Desestabilizava incessantemente tudo que se imaginava erroneamente imutável e cristalizado.

Na verdade, se olharmos bem, tudo anda em Montaigne. Tudo? O pensamento, a vida, a sociedade, a escrita, o mundo, o próprio "Eu", nós e as coisas... Nada, nunca, em lugar nenhum, é fixo. Tudo flui, evolui, oscila. Pensador da mudança, Montaigne é o homem das incessantes flutuações e mutações. "Eu pinto a passagem", dizia.

De fato, o que lhe interessa é o movediço. O que mexe, oscila, varia, ondula. E tudo é assim! "E nós, e o nosso julgamento e todas as coisas mortais correm e rolam. Assim, nada pode ser estabelecido com certeza acerca de um e de outro, e quem julga e quem é julgado estão sempre em contínuo balanço e mutação."

"Balanço", esse é o centro de tudo.

A palavra *branle* [balanço] é antiga, arcaica, não fala diretamente. Quer dizer movimento, acionamento, impulsão – e sua continuação. O *branle* é um impulso continuado, mantido e repetido, exatamente o oposto da rigidez, do imobilismo. Perfeito oposto do eterno e do imutável.

Quando Montaigne escreve: "O mundo é um balouço perene", ele está designando a mudança perpétua, as oscilações permanentes de todas as coisas dentro de nós e fora de nós. Ele se está referindo ao andar. Porque, na verdade, o processo é o mesmo: tudo vacila, nada desmorona. Na oscilação do mundo, como na queda evitada-continuada-evitada do andar, nada é estável. Tudo se mexe – objeto, pensamento, costume, lei, crença... Tudo evolui, transforma-se, desestabiliza-se, mas nada se destrói ou se desregula para sempre. A desestabilização universal não leva à queda nem à perda do que quer que seja.

O pensamento, assim como a escrita, balança e anda: ambos vacilam, reequilibram-se, relançam-se e prolongam-se indefinidamente nessa instabilidade sustentada. Um pensamento leva a outro. Uma sensação leva a outra. Uma frase leva a outra – assim como um costume, um hábito ou até mesmo uma negligência levam a outros. Eles, por sua vez, serão instáveis, vacilantes, incertos. Mas não cairão.

Porque é assim que tudo anda, por movimentos e descontinuidades, por "saltos e cambalhotas", passando de um tema a outro, de um estado a outro, aleatoriamente. O "balouço perene" é essa caminhada do mundo – errância sem fim, sem descanso, sem ponto fixo nem certeza. A redação dos *Ensaios*, que estava destinada a prosseguir "enquanto houver tinta e papel", também anda: vacila e segue em frente no passo dos pensamentos, das sensações, dos estados do corpo, dos estados das coisas. Movimento semelhante não cansa nunca de divagar, esse belo termo antigo que descreve tão bem o andar ao acaso e a aparente loucura.

Na verdade, é por isso que a redação é forçosamente interminável, como o pensamento, a vida, o mundo humano. Tudo segue em frente, balançando, mas nunca desaba definitivamente. O mundo da vida é frágil e instável, mas está indefinidamente em movimento.

Montaigne fez de tudo para experimentar e exprimir esse fluxo do mundo. Ele conheceu o peso desse devir universal e incessante na composição do enigma supremo, a fonte de todas nossas alegrias e de todas nossas penas.

Um enigma impossível de decifrar, é claro. Mas também quase impossível de dizer e pensar. Tudo que podemos fazer é acompanhar o mais perto possível suas incessantes variações. Por isso ele andou tanto.

17

Descartes anda em linha reta

O mestre do método não é considerado em geral um pensador da caminhada. Entretanto, quando prestamos atenção, vemos que ele fala dela em cada momento decisivo.

Nunca desconfiei da presença nem, sobretudo, da amplitude da questão do caminhar em Descartes. Que fosse um bom caminhante, considerava mais que provável. Um homem do século XVII que foi soldado, lutou na Alemanha, viveu nos Países Baixos a maior parte da vida, morou em residências diversas, certamente sabia o que significa andar. Ainda que tivesse uma saúde frágil, lendo e escrevendo com mais frequência do que caminhava por trilhas de terra ou ruas pavimentadas, imaginá-lo andando era evidente.

Mas essa convicção era apenas uma dedução. A probabilidade era tão grande que levava à certeza. Entretanto, segundo me lembro, nada em sua obra conferia uma posição decisiva ou um papel preponderante à caminhada. Errei... Em matéria de texto, é melhor não confiar na memória. De fato, basta reler o *Discurso do método*.

Nesse texto curto, que fez a fama do autor em toda a Europa, pois marca uma ruptura decisiva na história do pensamento, a caminhada é abordada quatro vezes. Confesso que isso me escapara. Não sei quantas vezes li esse texto na minha vida, como estudante ou professor, para explicá-lo, comentá-lo, esmiuçá-lo. Nunca tinha percebido que a caminhada era convocada em cada momento estratégico.

Desde o primeiro parágrafo, quando o filósofo afirma que o "bom senso é a coisa mais bem compartilhada do mundo", ele já fala do andar, como veremos em seguida. O "bom senso", sob sua pluma, não é o juízo, o pragmatismo das evidências comuns. É a razão, a faculdade humana capaz de distinguir o verdadeiro do falso. Ela é a mesma para todos, insiste Descartes. Reclamamos da pouca imaginação ou da falta de memória, mas ninguém nunca se queixa de ter "menos razão" que os seus semelhantes. Portanto, se cada um tem "tanto" bom senso quanto todos os outros, somente a maneira de utilizá-lo é diferente. O que realmente importa, então, é o método.

Devemo-nos lembrar de que, nessa palavra, também é questão de caminho: *odos*, em grego antigo, é uma estrada, um caminho, um itinerário que deve ser seguido. Um método é, ao mesmo tempo, um percurso e um meio de se deslocar no caminho. Para Descartes, é melhor ir devagar pelo bom caminho do que rápido, mas fora da trilha. Ele formula essa questão em outros termos, no fim do primeiro parágrafo: "Só os que andam muito lentamente", diz ele, "podem avançar muito mais, se seguirem sempre o bom caminho, o que não fazem os que correm e se afastam dele".

Pensar metodicamente, na direção do verdadeiro, é andar reto – devagar, passo a passo, sem se desviar do caminho. A velocidade não tem nada a ver com isso, a única coisa que conta é a certeza do passo, a confiança. O que é decisivo: o encadeamento de um passo com o seguinte, a exata relação que permite continuar – sem se desviar, sem cair, sem se perder. Na verdade, todos os temas-chave do método são ditos em termos de trajetos a pé.

O que a segunda aparição da caminhada no texto confirma, um pouco mais adiante. O filósofo faz um retrato rápido de sua formação intelectual, retrata suas insatisfações antigas, descreve o nascimento de sua busca pessoal da verdade. O trecho é conhecidíssimo. Descartes o conclui assim: "E sempre tive um extremo desejo de aprender a distinguir o verdadeiro do falso, para ver claro em minhas ações, e andar com segurança na vida".

Dessa vez, a caminhada não tem relação apenas com a verdade, com o conhecimento, com o périplo teórico, mas tem também com o lado prático. "Andar com segurança na vida" é tomar decisões, agir com clareza, resolver – avançar entre os outros, às vezes contra eles. Essa segurança é uma questão de dinamismo, de generosidade, de discernimento agudo, tudo junto. Andar queria primeiro dizer "conhecer", agora significa "agir".

Mas para ir aonde? É impossível saber de imediato, ou saber como fazer para encontrar a resposta. É impossível ver com clareza e rapidez a melhor maneira de andar na vida. Descartes sabe disso. E, mais uma vez, o método vem em seu socorro: "[...] como um homem que anda sozinho e nas trevas, decidi ir tão devagar e usar tanta circunspeção em todas as coisas que, apesar de avançar muito pouco, pelo menos consigo evitar cair".

Não cair: o risco é o mesmo, o perigo é idêntico, tanto para o filósofo iniciante quanto para o caminhante iniciante. Circunspeção: não é apenas olhar em torno de si (é realmente isso que essa palavra significa, mas no escuro?), também é demonstrar prudência, desconfiança, contenção nos atos, nos passos, no modo de andar-pensar. O método é antiqueda. O caminho é a filosofia. A atividade do pensador é uma caminhada.

Acontece que não sabemos com rapidez suficiente, caminhando tão devagar, como convém agir, pelo que guiar a nossa existência. Porque a ação não espera. Na prática, para viver, teríamos de viver antes para saber como viver de verdade. Qual regra devemos seguir antes de conhecer a correta? Pouco importa, desde que nos agarremos a ela e que não nos desviemos. Resposta surpreendente, mas coerente. Ela se baseia mais uma vez – a última – no andar e na linha reta.

> Imitando nisso os viajantes que, encontrando-se perdidos em uma floresta, não devem ficar vagando em círculos, ora para um lado, ora para o outro, muito menos ficar parados em um lugar, mas sempre andar na mesma direção, da maneira o mais reta possível, e não ficar mudando de direção por razões ínfimas, ainda que a princípio seja talvez apenas o acaso que os determine a escolhê-la: porque, por esse meio, se não vão exatamente para onde querem, pelo menos ao final chegarão a algum lugar, onde certamente estarão melhor do que no meio de uma floresta.

Não andar em círculos nem parar, andar da maneira o mais reta possível, e na mesma direção. É assim, na espera de algo melhor, que Descartes descreve seu modo de agir. Assim, cada vez, embora os registros sejam distintos, ele fala do caminhar. E em linha reta. Assegurando seus passos, evitando a queda, esquivando-se do perigo.

Mais uma vez, quero insistir que não se trata de simples metáforas nem de comparações triviais. Para Descartes, o mesmo movimento anima a progressão do corpo, do entendimento e da vontade. É verdade que ele não diz isso com todas as letras, mas quase o afirma em alguns textos. Na primeira de suas *Meditações sobre filosofia primeira*, ele não tem medo de fazer da caminhada um "atributo da alma".

"Passemos então aos atributos da alma e vejamos se há alguns em mim. Os primeiros são me alimentar e andar; mas, se é verdade que não tenho corpo, não posso andar nem me alimentar." Sem dúvida, esses atributos da alma são herança de Aristóteles, do ensino recebido pelo filósofo segundo a Escola. Sem dúvida, Descartes não toma esse pensamento como seu. No entanto, proponho a seguinte hipótese: o método, as demonstrações e a busca da verdade passo a passo constituem para a alma uma maneira de andar sem corpo.

"A marcha do espírito não deve ser interrompida", insiste Descartes nas *Regras para a direção do espírito*. Por querer ir rápido demais, acabamo-nos perdendo, e os elos da cadeia de deduções se desfazem. A conclusão a que chego, de minha parte, é que, ao falar de andar de maneira tão constante, se bem que tão pouco percebida, Descartes introduziu um princípio de locomoção no centro do seu pensamento.

18

Diderot manca em segredo

Às vezes, detalhes ínfimos assinalam grandes reviravoltas. O filósofo da Enciclopédia tinha o dom de colecioná-los.

"Não há quem goste mais de falar que os gagos, nem quem goste mais de andar que os mancos."

Frase estranha. Mas é verdade que, em Diderot, uma estranheza a mais ou a menos não faz diferença, sobretudo nessa viagem filosófica desconcertante que é *Jacques, o fatalista, e seu amo*. Mesmo assim, estou tão no escuro quanto você: por que os mancos gostam de andar mais que os outros? E por que esse paralelo com os gagos? Ao aprofundar a questão, percebi que não se trata de um enigma literário, microscópico e sem interesse.

Na verdade, nessa frase estranha esconde-se pura e simplesmente uma virada do pensamento. Disfarçada, discreta e, no entanto, decisiva. Avançando sem alarde, a meias-palavras, como quem não quer nada, mas claramente abrindo perspectivas novas. É assim que Diderot gosta de intervir: ele vira a paisagem do avesso, mas com um sorriso, sem que ninguém perceba. Pelo menos no começo.

Quem manca? Jacques, o bravo servo que acha que tudo está escrito no "grande livro", a partitura secreta da marcha do mundo, o pergaminho que prescreve passo a passo o que cada um vai fazer, o que vai dizer, descobrir ou sofrer. Por que Jacques manca? Por causa – a história é longa – de seus amores, ou melhor, de seu joelho, cujo estado – "estava escrito" – tem relação direta com seus amores antigos, fortuitamente, mas nem tanto...

Jacques manca, e por causa de seus amores, mas ele gosta de andar ao lado de seu amo, que anda a cavalo. Eles não sabem aonde vão nem do que vão falar. Na verdade, é exatamente por isso que são pioneiros, heróis, exploradores de terras desconhecidas – mesmo que ninguém saiba disso, nem eles mesmos.

Retomando o fio da meada. "Eles prosseguiram em seu caminho, indo sempre sem saber aonde, embora soubessem mais ou menos aonde queriam ir; enganando o tédio e o cansaço com o silêncio e a tagarelice, como é costume dos que caminham e, às vezes, dos que estão sentados."

Andar, sabendo mais ou menos aonde se quer ir, mas sem saber aonde se vai.

Cansar-se ou se aborrecer e, para combater esses males, falar ou calar, alternadamente.

Essas são as regras, embora não sejam regras. Esses são os contornos, embora sejam vagos.

Mais uma vez, o que Diderot quer dizer? Ou o que ele não diz? Será que ele sabe aonde está indo? Essas perguntas parecem adivinhações, porque as afirmações de Diderot parecem enigmas. Mas acho que há um esboço de solução aqui. O que muda – e vira tudo do avesso – é que não existe mais método! A estrada retilínea acabou. Acabaram-se as regras, as precauções infinitas para não se perder e, principalmente, para não cair. Diderot, o anti-Descartes.

Jacques e seu amo não vão a lugar nenhum. Ou vão a todos os lugares. Viajam sem destino, quase sem objetivo. Vivem o presente, seguem em frente ao acaso das horas e dos encontros. Ambos aceitam o que vem, ou então se esquivam dele, mas não o inventam. Também falam ou calam ao acaso. Seguindo o caminho, ou, como se diz, seguindo a onda.

O que Diderot mostra, portanto, é esse paradoxo, novo na época: a vida segue sem objetivo, sem regra previsível, mas alegremente. Acaso e alegria combinam, assim como palavra e silêncio. Ou andar e mancar. Andar, viver, falar, pensar, tudo é um; mas nada é reto, quadrado, bem ajustado, e é melhor assim, porque dançamos, sim, dançamos, por causa dessa defasagem inicial, desses desajustes sucessivos. Jacques sabia disso, é claro: quem manca, dança. Aprendeu à própria custa.

> – Eu vou ficar bom?
> – Já curei outros.
> – Vou conseguir andar?
> – Vai.
> – Sem mancar?
> – Isso é outra coisa. Que inferno, amigo! Veja como fala! Já não basta eu ter salvado sua perna? Falando nisso, se você mancar, não vai ser tão ruim. Gosta de dançar?
> – Muito.
> – Talvez você não ande mais tão bem, mas vai dançar muito melhor...

Eis o segredo: mancar um pouco é dançar melhor. O instável é mais alegre, mais vivo, mais musical que o estável. Se os mancos gostam de andar, é porque dançam. E, se os gagos gostam de falar, é porque cantam – sem dúvida. A lição não é fazer do limão uma limonada. Achar que os males se resolvem quando são aceitos seria fácil demais para Diderot.

O que ele sugere é mais sutil, mais moderno: a imperfeição é positiva, a deficiência é impulsionadora. Quando não andamos tão bem, acabamos seguindo melhor; quando articulamos mal, acabamos falando melhor. Será que é porque somos obrigados a nos esforçar, a controlar, por causa da dificuldade? Talvez. Mas há algo mais. Uma ausência interna, uma lacuna inicial que revela ser a nossa condição e a nossa força. Todos nós somos gagos, sempre a um passo de tropeçar nos sons, por isso somos seres falantes. Todos nós somos mancos, desequilibrados, instáveis, prontos a cair, por isso andamos como seres humanos.

Para nos mantermos fiéis a Diderot, devemos adicionar os acasos da vida a essa imperfeição motriz. Acaso é o nome que damos à nossa ignorância do destino (a não ser que o destino seja o nome da nossa fuga do acaso, o que é indecidível). Jacques viaja, pensa e fala ao acaso, e Diderot apenas o segue.

Também é ao acaso que o narrador de *O sobrinho de Rameau* passeia, e também é ao acaso que segue seus pensamentos. Lembramos as primeiras linhas do texto, a abertura de uma ópera festiva:

> Faça chuva, faça sol, costumo passear no Palais-Royal às cinco da tarde. Sou eu, sempre sozinho, sonhando no banco de Argenson[6]. Falo comigo mesmo de política, de amor, de gosto ou de filosofia. Abandono meu espírito a toda a sua libertinagem. Deixo-o livre para seguir a primeira ideia sensata ou louca que se apresente, do mesmo modo como se veem, na aleia de Foy, nossos jovens libertinos andando atrás de uma

6 Esse banco fica na aleia de Argenson, nos jardins do Palais-Royal, abertos ao público pouco tempo antes de Diderot escrever *O sobrinho de Rameau*. Era nesse banco que se encontrava com Sophie Volland, sua amiga, amante e correspondente. [N. T.]

> cortesã de ar cansado, rosto risonho, olhar vivo, nariz arrebitado, abandonando esta por outra, avançando sobre todas e não se prendendo a nenhuma. Meus pensamentos são minhas prostitutas.

Os pensamentos são caminhantes. São meretrizes que o passeador segue durante um tempo, dentro de sua cabeça, quando elas passam, porque têm o rosto risonho... Não me pergunte como um pensamento pode ter nariz arrebitado, deve ser licença poética... O que sei, em todo caso, é que Diderot está sempre interessado em pés, pernas e joelhos. Seus romances e contos são repletos deles, por assim dizer. Em *O pássaro branco*, a sultana favorita só consegue adormecer quando lhe fazem cócegas nos pés. Em *A religiosa*, ao contrário, os pés de Suzanne são ensanguentados, lacerados pelos cacos de vidro que são espalhados pelo chão para torturá-la. Em *O sobrinho*, os personagens batem os pés, dançam, andam. Em *Jacques, o fatalista*... Chega, já falamos dele.

E na *Enciclopédia*? Será que o andar está presente nessa grande obra, nessa máquina de guerra construída durante anos por Diderot, à custa de sua saúde, de sua renda e, talvez, de sua obra, contra o obscurantismo, a ignorância e a opressão? Há um verbete consagrado ao "andar" na *Enciclopédia*. Não foi redigido por Diderot, mas pelo *chevalier* de Jaucourt. Traz uma ideia já vista antes, em uma formulação complicada, mas que se aplica exatamente ao nosso filósofo da alegria e do instável:

> ANDAR o (Fisiologia). O *andar* ou a ação de *andar* é o ato pelo qual se vai de um lugar a outro, pelo movimento que pode ser dado às partes do corpo destinadas a esse uso. Para explicar

> como essa ação é executada, suponhamos um homem em pé no ponto *x*; para que ele *ande*, um pé permanece imóvel e firmemente mantido pelos músculos, de maneira que o corpo é sustentado apenas pelo ponto *x*. O outro pé se ergue, a coxa dobrando-se consideravelmente; de maneira que o pé encurta, como também a tíbia.[...] então é preciso *andar* com o outro pé que estava imóvel. Quando projetamos esse pé na frente do outro [...], estando a linha de gravidade deslocada para frente, teríamos necessariamente de cair, se não pousássemos o pé que antes estava fixo e agora se move, relaxando os extensores e fazendo agir os flexores, se não nos apoiássemos de alguma maneira, se não lhe déssemos uma condição estável, e, finalmente, estando firmes, não lhe déssemos o centro de gravidade do corpo, mas tudo isso se aprende pelo hábito, e de tanto cair.

O que é dito nessa prosa complicada? Que andar é mancar, cair e se equilibrar. Diderot acrescentaria, de maneira mais alerta, que o mesmo processo se aplica ao falar, e viajar, e pensar: o mesmo desequilíbrio permanente, a mesma perda e o mesmo encontro da gravidade.

Diderot transformou essa errância na alegria da sua vida. E da nossa. E quer mais. E nós também. Basta aproximar-se desse amigo para ficar com vontade de seguir seus passos.

19

Rousseau reinventa o passeio

Ele caminha não apenas pela natureza, mas também pelos séculos e pela história.

"A caminhada tem algo que anima e aviva minhas ideias, quase não consigo pensar quando estou parado, preciso que meu corpo esteja ativo para poder colocar meu espírito nele." Isso diz tudo. Exteriormente, Rousseau – como Montaigne, Nietzsche e muitos outros – faz parte dos que andam-pensam, que têm o espírito nos pés e percorrem suas ideias caminhando pela natureza.

Não foi apenas por necessidade, portanto, que ele viajou tanto a pé, de Genebra a Paris, de Chambéry a Turim. Andando tanto pela França quanto pela Itália, escreveu: "Vi Milão, Verona, Bréscia, Pádua, e cheguei enfim a Veneza". Sem dúvida, fazia como o homem do povo. Aprendizes, caixeiros, servos e operários não tinham dinheiro para pegar diligências e malas-postas. Se quisessem ir a algum lugar, tinham de pegar a estrada com as próprias pernas.

A diferença é que Rousseau gostava das longas caminhadas, ativas e lentas, úteis e sonhadoras. Ele não se deslocava na natureza, mas diríamos que se fundia a ela, diluía-se nela. Flutuava, saltava, flanava, avançando ao mesmo tempo pelos campos e pelas ideias. Com uma intensidade, quase exaltação, que se via por todos os lados. Sobre as viagens, diz nas *Confissões*: "Nunca pensei tanto, existi tanto, vivi tanto, estive tanto em mim, por assim dizer, do que naquelas que fiz sozinho e a pé".

Caminhada, solidão e pensamento são uma coisa só para Rousseau. É o que diz o título de sua última obra, em que cada palavra é importante: *Os devaneios do caminhante solitário*. Esses dez passeios marcam o fim de sua vida. O último, em que evoca a "Mãe", a senhora de Warens, seu louco e comportado amor de juventude, foi interrompido por sua morte. Mas apenas em aparência. Porque Jean-Jacques, mesmo morto, não parou de andar. Seus textos fazem isso por ele. Insistem em deambular, prolongam indefinidamente seus trajetos. Sem querer, Rousseau inventou o passeio infinito.

De maneira geral, considera-se que ele o reinventou. Sem dúvida nenhuma, o passeio já existia antes dele. Perambular por prazer já era normal para os romanos, e nunca o deixou de ser. Portanto, a virada que o nome de Rousseau imprime não é a criação de uma atividade até então desconhecida. Mas ele ressuscita o passeio da viagem como uma atividade com um fim em si, com prazeres próprios e estética singular. Antes dele, as pessoas viajavam a pé por utilidade, por necessidade; eram obrigadas a ir pedestremente de um lugar a outro, de cidade em cidade, às vezes até mudando de país. Com dor ou alegria, com entusiasmo ou cansaço, pouco importava. O essencial era chegar.

Com Rousseau, o trajeto se torna essencial. O prazer leva a melhor sobre a utilidade. Depois dele, e motivados por ele, os românticos fizeram do passeio uma arte, um modo de ser, quase uma razão de viver. Andar para descobrir e não para ir a algum lugar, essa era a novidade.

Descobrir o quê? O que é, quem se é, o que há para pensar... Descobrir nos mesmos passos as paisagens e a si mesmo, a natureza e o acaso, as curvas da estrada e os desvios do espírito. Esses elementos não se distinguem mais. Verlaine diria mais tarde: "Sua alma é uma paisagem escolhida". A paisagem é meu pensamento, diz mais ou menos Rousseau. Ao descobri-la, ele se descobre. O passeio é a junção exata das ideias e do mundo, do corpo e das palavras, ele os une e distingue em um só movimento, em uma só abordagem.

O longo trajeto se torna, de certa maneira, um momento crucial. O homem e a natureza se articulam nele. A natureza se torna falante, protetora, materna. O humano se despoja dos artifícios, torna-se selvagem, volta ao essencial. Cada passeio é uma experiência, um processo íntimo. Físico e psíquico.

Às vezes, com pontos de fusão, como momentos extremos. Como chamar essas passagens tão intensas e tão estranhas? Elas combinam desvarios e intuições, viagens no tempo e esplendores instantâneos. Nesses raros lampejos, de uma potência desconcertante, é difícil saber por onde se anda: pela natureza, pelo pensamento, pela história? Tudo ao mesmo tempo, indistintamente, sem dúvida.

Foi o que aconteceu com Rousseau, naquele dia quente de verão, em 1749, quando visitou – a pé, é claro – o amigo Diderot, então preso no castelo de Vincennes. Nas *Confissões*, o filósofo nos deixou um relato famoso desse desvario, mas raramente examinado sob o ângulo da caminhada.

A cada dois dias, Rousseau fazia o trajeto a pé.

> Duas léguas separam Paris de Vincennes. Como eu não podia pagar a carruagem, às duas da tarde, ia a pé, quando estava

> sozinho, e andava rápido para chegar mais cedo. As árvores da estrada, sempre podadas, à moda da região, não ofereciam praticamente nenhuma sombra, e, muitas vezes, extenuado pelo calor e pelo cansaço, estendia-se no chão, não aguentando mais.

Duas léguas naquela época (a medida mudou) representam cerca de 7,6 quilômetros. Rousseau andava rápido, o calor era escaldante. Não temos dúvidas quando diz que precisava parar. Temos várias quando afirma que lia enquanto andava para diminuir o passo... mas não importa.

> Lembrava-me de pegar um livro para moderar o passo. Um dia, peguei o *Mercure de France* e, andando e lendo ao mesmo tempo, caí numa questão proposta pela Academia de Dijon para o prêmio do ano seguinte: *Se o progresso das ciências e das artes contribuiu para corromper ou depurar os costumes.* No instante em que li isso, vi outro universo e me tornei outro homem.

O que aconteceu? Ideias demais em muito pouco tempo. Rousseau foi aspirado. Perdeu o passo, viu o tempo girar, "percorreu milhares de séculos de uma vez". Teve alucinações: o ser humano está só, vagueia sem companheira nem companheiro nas florestas, sem linguagem, ferramentas, artimanhas, astúcias, mal capaz de sentimentos. O caminhante vislumbrou tudo: a caminhada da história, a constituição das sociedades, os progressos das ciências e, ao mesmo tempo, os vícios. Teve o sentimento, aterrorizante e sublime, de compreender de repente como tudo funciona. Não conseguiu ver os detalhes, mas ficou abalado com a visão que restou.

> Lembro-me muito claramente, naquela ocasião, de que, ao chegar a Vincennes, estava em um estado de agitação próximo do delírio. Diderot percebeu: disse-lhe a causa [...] Ele me encorajou a dar impulso a minhas ideias e concorrer ao prêmio. Fiz isso e, desde aquele instante, estava perdido. Todo o resto da minha vida e das minhas infelicidades foi o efeito inevitável desse instante de devaneio.

A partir daquele momento, o caminhante entrou na filosofia, na modernidade e no próprio destino. O ofuscamento do caminhante sob o sol gerou pouco a pouco uma obra inteira, começando pelo *Discurso sobre as ciências e as artes*, logo seguido do *Discurso sobre a origem e os fundamentos da desigualdade entre os homens*. O impulso inicial desses textos fundamentais foi indiscutivelmente a caminhada. Não porque o estímulo do qual nasceram surgiu enquanto ele andava – isso é apenas anedota –, mas porque Rousseau teve o vislumbre de que o homem andava na natureza muito antes de dormir em cabanas. Porque, com ele, caminhada se tornou o símbolo primeiro do natural: o selvagem anda, da mesma forma como andam o camponês, o pobre e o virtuoso.

O homem mergulhado na técnica, que se afastou dele mesmo ao se afastar da natureza, não anda mais nem entende mais o que significa andar. No fim das contas, Rousseau foi o primeiro a compreender quanto, para o bem ou para o mal, o devir dos seres humanos, desde a natureza pura até a sociedade impura, é apenas uma questão de caminhada. Ele não diz com todas as letras que a história anda. Outros ousarão dizê-lo, em breve.

20

Kant se atrasou em 1789

Isso nunca deveria ter acontecido,
mas a marcha da humanidade decidiu o contrário.

Sempre respirar pelo nariz ao andar. Exclusivamente. Nunca – em nenhuma circunstância! – pela boca. Manter um passo regular, um ritmo sempre igual, em um itinerário fixo. Não beber cerveja, nem ao passear, nem em outras ocasiões. Comer, na época certa, beterraba, nabos, ervilhas. Fumar um ou dois cachimbos com um bom tabaco, de manhã cedo. Fazer sistematicamente as mesmas coisas nos mesmos horários. Evitar a todo custo os gatos... Immanuel Kant estabeleceu uma série de regras às quais nunca desobedecia.

O horário de cada dia foi organizado para todo o sempre. Às 4h45 da manhã, um empregado o acordava dizendo: "Está na hora!". Às 5 horas, bebia duas xícaras de chá, fumava dois cachimbos e preparava suas aulas, que dava das 7 horas às 9 horas. Às 9 horas, começava a trabalhar em seus livros, até a hora do almoço, que sempre fazia em companhia de vários convidados. Às 19 horas em ponto, Immanuel Kant saía para dar seu passeio, cujo itinerário sempre era o mesmo todos os dias. E se deitava às 22 horas em ponto.

Ele dá a impressão de ter vivido preso a esse horário, amarrado à sua infinita série de normas, hábitos e manias. Talvez essa história tenha sido exagerada por causa do que se contava sobre ele. Talvez ele se tenha aproveitado da notoriedade dela de modo complacente para satisfazer seu temperamento obsessivo. Mas não podemos excluir que essa rigidez militar tenha constituído para ele um regime de vida indispensável, uma maneira de aguentar trabalhos colossais. Porque, quando zombamos do velho Kant, em geral nos esquecemos de que, graças aos seus horários rigorosos e recomendações estranhas, ele dava conta, ano após ano, de uma quantidade fenomenal de trabalho.

Suas grandes obras filosóficas – *Crítica da razão pura*, *Crítica da razão prática*, *Crítica da faculdade de julgar*, *Fundamentação da metafísica dos costumes*, *Antropologia de um ponto de vista pragmático*, para citarmos apenas as principais – são apenas a ponta do *iceberg*. Elas marcaram profundamente a história do pensamento ocidental, mas o autor fez muitas outras coisas. Além dos múltiplos textos e opúsculos – alguns ainda lidos, outros quase completamente esquecidos –, Kant elaborou uma quantidade impressionante de aulas sobre temas e disciplinas aparentemente muito distantes da metafísica e da moral.

Ele ganhava a vida como *privatdozent*, sistema que vigorou durante muito tempo na Alemanha, no qual o professor não era remunerado nem pelo Estado nem por instituições, mas diretamente por aqueles que seguiam suas aulas. Para satisfazer seus alunos-clientes e manter a casa, o empregado, as refeições com os amigos e todo o estilo de vida modestamente burguês, mas, apesar de tudo, caro, Kant dava aulas de história, geografia, literatura, direito... várias horas por semana.

Logo, o homem se levantava muito cedo, trabalhava o ano inteiro e saía para andar, todos os dias, quando terminava o trabalho. Evidentemente, o itinerário nunca variava. O filósofo saía de casa, pegava a ponte na direção do castelo de Königsberg, descia na direção da cidade antiga, atravessava a ponte Krämer e chegava, enfim, ao seu lugar predileto, depois das docas e dos armazéns: os pastos sem casas, com árvores cujos galhos tocavam a água. Na volta, fazia o mesmo trajeto em sentido oposto.

A particularidade desse passeio diário é que Kant passava por todos os registros da sociedade. Desde o castelo, centro do poder e dos serviços administrativos, até o porto, onde cruzava com marinheiros e operários, Kant atravessava as classes sociais a pé. Os burgueses moravam na cidade antiga; os artesãos e os comerciantes, nos bairros seguintes; os gritos do povo ecoavam nas docas; e só então a estrada saía de vez da cidade para desembocar na natureza.

Esse passeio de Kant o fazia percorrer a sociedade cada dia em um sentido, de cima para baixo e de baixo para cima. Permitia-lhe passar da cultura à natureza e vice-versa. Para um espírito tão organizado quanto o dele, é difícil imaginar que esse traçado, altamente simbólico, tenha surgido do nada. É muito provável que fosse um passeio filosófico, e não apenas um passeio saudável e digestivo que o iluminista fazia ao anoitecer.

Ele aproveitava a ocasião para cumprimentar todos os tipos de pessoas, da burguesia ou da ralé, fazer convites para o almoço diário, receber solicitações ou pedidos escritos. Ou então, já no fim de sua vida, deixava-se observar por visitantes que vinham dos quatro cantos da Europa para contemplar a passagem de um homem que encarnava ao mesmo tempo a Europa, a razão e o rigor crítico. Durante muito tempo, aceitou que alguns estudantes ou amigos o acompanhassem, para conversar durante o caminho. Depois decidiu andar sozinho, porque era a única maneira de poder respirar pelo nariz.

No antigo feudo teutônico de Königsberg, na costa do mar Báltico, todos conheciam o filósofo. Ele sempre morou lá, praticamente sem nunca sair da cidade. Era tão repetitivo e pontual que, diz a lenda, os moradores acertavam seus relógios quando ele passava, ou que o sacristão acertava o relógio do campanário pelo seu passeio. Kant era considerado tão confiável para saber a hora quanto o próprio Sol.

Mas, um dia, o mecanismo se desregulou. Kant mudou de itinerário. Não estava nem distraído, nem doente. Não poderia estar distraído nem doente, porque respirava pelo nariz e não bebia cerveja. Naquele dia, tinha urgência em buscar o jornal. Soube que a revolução na França começara, que uma Declaração Universal dos Direitos do Homem e do Cidadão fora proclamada, e que o povo se dera uma constituição republicana.

Essa falha ínfima e excepcional em sua mecânica de passeios tão regular quanto o céu estrelado foi um acontecimento minúsculo na ordem dos fatos, mas foi um acontecimento interessante no registro da caminhada dos filósofos. Kant diria alguns anos depois o que compreendeu naquele dia: é possível que o gênero humano progrida do ponto de vista moral. Isso não é certo nem automático. Mas é possível: a Revolução Francesa é prova, garantindo juridicamente o respeito aos princípios éticos.

Kant sabia muito bem que os seres humanos não são anjos, ou não teria escrito que o ser humano é feito "de uma madeira tão nodosa que é impossível fazer vigas retas com ela" nem teria afirmado que cada um quer uma exceção para si e as leis devem permitir governar "até mesmo um povo de demônios". Mas, com a Declaração Universal dos Direitos do Homem, cujos princípios se baseiam na razão, e não na força, ele vislumbra a possibilidade de um progresso moral coletivo e irreversível do gênero humano.

Em outras palavras, a marcha da história pode sobrepor-se aos itinerários individuais. A lição vale o atraso.

21
Hegel inventa "o caminho que anda sozinho"

Podemos permanecer sentados e pensar melhor do que ninguém como caminha a história universal.

Quando tento imaginar Georg Friedrich Hegel, tenho a impressão de que ele viveu sentado. Poderíamos dizer que esse homem nunca andou. Ou muito pouco. Quase nada, apenas o necessário. Da cama para a escrivaninha, da biblioteca para a sala de aula. Hegel passou a vida inteira lendo, escrevendo ou lecionando. As raras imagens que o representam – retratos, desenhos, gravuras – sempre o mostram em uma cadeira ou poltrona, trabalhando na escrivaninha, ou em sua cátedra na universidade, onde ensinava sentado e com notas manuscritas apoiadas em uma estante inclinada a sua frente. Mesmo com a maior boa vontade, é muito difícil imaginar Hegel passeando, caminhando, viajando a pé, porque esse pensador gigantesco parece fisicamente imóvel. Mesmo quando criança, sempre estava com um livro colado ao nariz. Gênio precoce, aprendeu a ler na idade em que as outras crianças aprendem a correr. Aprendeu latim muito cedo e, em seguida, o grego; ainda garotinho, preferia os tratados de lógica às brincadeiras de bola. Mais tarde, quando se tornou sucessivamente preceptor, diretor de escola, redator-chefe de um jornal (*A Gazeta de Bamberg*) e professor universitário (primeiro em Iena, e depois em Berlim), estava o tempo todo sentado e excepcionalmente em pé – mas sem se mexer. Podemos perguntar-nos se esse homem soube algum dia colocar um pé na frente do outro.

Na verdade, sim, uma vez, aos 25 anos, ele fez uma viagem aos Alpes berneses. É um fato verdadeiro, atestado por inúmeras provas concordantes. É difícil imaginar que em tal ocasião ele não tenha andado um pouco, pelo menos algumas horas, para contemplar as vistas panorâmicas que eram exatamente a razão principal de sua estadia. Só é possível chegar até elas a pé. Apesar de tudo, constatamos que as montanhas não o impressionaram. No diário que escreveu durante esse périplo, só há desencanto. Todos os românticos antes dele e em torno dele ficavam emocionados, estremeciam de terror ou êxtase ao contemplar a cadeia de montanhas, ao observar os paredões rochosos, as rochas despedaçadas, os picos, os precipícios. Kant, na mesma época, refletindo sobre as mesmas paisagens, evoca longamente o "Sublime", o sentimento de opressão misturado ao de exaltação que subjuga a sensibilidade humana diante dos espetáculos grandiosos em que a natureza revela sua força e sua glória ao olhar... Hegel, diante dos Alpes, contentou-se em dizer: "Então, é isso".

O paradoxo desse homem parado, desse anticaminhante raro, é que ele pensou a marcha do mundo – não apenas das coisas, da natureza, mas também das ideias, das sociedades, dos momentos da história – com mais acuidade, profundidade e poder do que qualquer outro. Porque, com Hegel, tudo anda, tudo se move, e tudo avança, tudo evolui e se metamorfoseia. Nada continua parado, idêntico, cristalizado para sempre.

Marcha do mundo, marcha da história, marcha do Espírito não têm nada a ver com o andar "real" – físico, corpóreo, encarnado? Toda caminhada do ser humano implica o desalinhamento, o deslocamento de uma situação inicial, que faz que ele corra o risco de cair, risco imediatamente evitado pela intervenção contrária da outra perna.

Ora, é esse mesmo esquema que Hegel coloca no âmago de tudo – natureza e cultura – para fazer que o devir – o real, portanto – seja percebido. Visto através do olhar de Hegel, o real anda porque se autodesestabiliza de dentro e consegue opor-se a essa desestabilização, retomar uma situação de equilíbrio, que, por sua vez, vai desestabilizar-se.

O golpe de mestre de Hegel? Pensar o andar que se encontra no âmago do real, que o anima por dentro, sob todas as suas formas. Tudo anda efetivamente em seu sistema, pelo jogo universal de um desequilíbrio-reequilíbrio-desequilíbrio. Esse processo age na natureza, na história, no pensamento. Tudo o que existe, nesse sentido, apenas anda!

Por exemplo, na natureza, o botão se desfaz, autodestrói-se, desestabiliza-se. Não para cair no nada e desaparecer por completo, mas para se transformar em flor, e, portanto, estabilizar-se de novo sob uma nova forma. A flor, por sua vez, desequilibra-se, metamorfoseia-se, reequilibra-se sob uma nova forma – o fruto. Esse andar automotriz faz que cada coisa se destrua por dentro para continuar em outra coisa, ao mesmo tempo outra e mesma, ao mesmo tempo anulada e conservada. Seu nome: dialética.

O termo é conhecido, mas, em geral, mal-compreendido. A dialética não é um diálogo. De fato, em grego, o termo significa "dialogado", mas, para Hegel, não se trata de modo nenhum de um embate oral. Nada a ver com malabarismos retóricos. "Dialética" designa a caminhada autônoma do mundo, essa fissura interna do real que faz que as coisas sigam em frente por si mesmas, e, sobretudo, a história dos homens, na qual o Espírito se encarna. Tal caminhada, na verdade, é superpotente. Ela engloba os acontecimentos, as sociedades, as civilizações que surgem, sucedem-se e declinam. Para Hegel, tanto os saberes quanto as artes, tanto os conceitos quanto as doutrinas estão em movimento. Esse processo de evolução dos mundos avança revelando seu sentido, mas pouco a pouco, em etapas, quando os eventos já aconteceram. Esse sentido não chega à história desde o exterior. Não existe antes de ter acontecido, e só pode acontecer em seu interior. Ele brota, passo a passo, dos próprios acontecimentos, em cada época, em cada momento. Os homens fazem a história, é claro, mas sem saber o que estão fazendo, pois o resultado é totalmente diferente do que esperavam.

No nevoeiro dos acontecimentos, os seres humanos agem segundo seus planos pessoais, ambições egoístas e convicções individuais. Mas, do choque de suas ações – contraditórias, confusas, mistificadas... –, nasce uma situação, sempre diferente, que anda graças a eles e, ao mesmo tempo, independentemente de suas vontades. No final, essa situação tem um sentido próprio – que talvez ninguém desejasse ou mesmo imaginasse. Um dia, o resultado dos inúmeros conflitos entre indivíduos e grupos revela a sua face. Ninguém a desenhou, e, no entanto, todos compreendem a expressão. A Europa que o filósofo tinha sob seus olhos ilustra esse andar dialético da história. As monarquias se esfacelavam por efeito de tensões internas: as reivindicações dos povos as faziam estremecer, a abolição dos antigos privilégios as corroía por dentro. Um novo regime nasceu com a queda do rei da França: a República, o Estado dos direitos do homem e do cidadão. Mas essa nova situação também se desfez, desorganizando-se em consequência de suas próprias contradições e causando uma guerra civil, o Terror, igualitarismo desmedido e criminoso. O Império de Napoleão I matou a revolução, mas também a conservou. Ele a terminou e prolongou no mesmo movimento, esforçando-se para reconciliar a ordem monárquica e a igualdade cidadã. No entanto, nada nesse inevitável progresso da história foi deliberado ou preestabelecido.

No final, o que é que se realiza na história? O Espírito, responde Hegel, ou seja, Deus. Deus se inventa, "constrói a si mesmo", faz-se e torna-se conhecido nesse "processo gradual" que constitui a história. "A história universal é a manifestação do processo divino, da caminhada gradual pela qual o Espírito conhece e realiza sua verdade." De povo em povo, de época em época, Deus anda ao encontro de si mesmo através da história. Essa é, de maneira bem esquemática, a grande visão de Hegel.

É realmente uma caminhada. Para esse filósofo, ela é real, e não metafórica. A marcha da história, a marcha dos saberes, a marcha do pensamento, a marcha do espírito... são, para Hegel, apenas variantes de um único movimento de autocriação e autoevolução do pensamento concreto. Hegel pretendia abrangê-lo com seu sistema. Para se ajustar à caminhada do real, buscou e modelou "conceitos impensáveis". Quis encontrar um movimento do pensamento capaz de exprimir o próprio movimento do mundo, fazendo que o pensamento e a realidade se ligassem de modo tão íntimo que suas caminhadas não pudessem mais ser distinguidas.

Em relação ao seu sistema, que deve emanar do real, e não ser concebido do exterior, Hegel fala de "um caminho que anda sozinho". Não vejo melhor definição para a dialética. Esse homem parado compreendeu que o mundo anda, que o caminho e a caminhada são unos, que não existe caminhante independente da caminhada... Nada mal para um pensador sentado.

Marx, seu filho rebelde, diria mais tarde que essa dialética, para Hegel, anda "de cabeça para baixo", e que é preciso colocá-la "em pé" para que ande com eficiência, para lhe dar um poder de intervenção nas lutas políticas, para colocar um ponto-final na "pré-história", na exploração do homem pelo homem, no reino da necessidade. Outros caminhantes já estão a caminho.

QUARTO PASSEIO

EM COMPANHIA DE ENERGÚMENOS MODERNOS

Eles seguem praticamente
os mesmos caminhos que os antigos.
Mas fazem de tudo para abandoná-los.
Seu sonho: sair da Europa, da história,
da civilização. E até mesmo da filosofia.

Tendemos a esquecer que os energúmenos são possuídos pelo diabo. São habitados por um demônio, que deve ser tirado deles, exorcizado. Esse é o primeiro sentido do termo nos Evangelhos e no vocabulário teológico. Por extensão, a palavra designa os raivosos, os agitados incontroláveis e os perturbadores frenéticos. O que eles estão fazendo aqui? Não vamos encontrar nem delirantes, nem dementes entre os últimos filósofos caminhantes que acompanharemos aqui. Não acredito no diabo, nem na existência de demônios, nem em possessão. Então?

Os modernos eram turbulentos e "trabalhados por dentro" (o que quer dizer, em grego antigo, *energoumenoi*). Como você poderá constatar, os sonhos e os atos dos modernos não eram muito diferentes daqueles dos antigos. Por exemplo: passar de um continente para outro, mudar de língua e de cultura, encontrar novos caminhos para a humanidade, aumentar nossas possibilidades de aprender... Mas eles os projetavam e realizavam com uma intensidade e radicalidade que os antigos não tinham nem imaginavam.

Em caminhos aparentemente idênticos, eles foram muito mais longe, saíram do asfalto e se aventuraram fora do traçado. Fizeram que mundos e culturas que se ignoravam desde o começo da história se comunicassem. Sonhavam romper com tudo o que fora no passado, fazer que a história humana andasse por caminhos totalmente diferentes. Ou conseguir caminhar fora da civilização, em direção à natureza bruta, à vida selvagem. Ainda podemos vê-los andando entre picos e vales, multiplicando os panoramas, os ângulos de observação, as perspectivas.

A ambição dos modernos não era simplesmente passear, andar pela natureza, ou fazer que as demonstrações, os saberes e as histórias andassem. Queriam, de uma maneira ou outra, sair do quadro, escapar dos códigos, das regras, das fronteiras do mundo antigo. Queriam continuar andando para sempre, sem voltar atrás, sem necessariamente ir a algum lugar. Queriam conseguir, se possível, andar fora da filosofia.

Sim, uns energúmenos.

22

O húngaro que andou até o Tibete

Ir a pé dos Cárpatos a Calcutá é raro. Abrir sozinho o Ocidente para o conhecimento da língua e da cultura tibetana é único.

Seu nome não está nas histórias da filosofia. A razão por que quis que esse estranho caminhante, conhecido apenas por alguns, estivesse presente aqui é porque considero que seu trabalho virou completamente do avesso a história do pensamento ocidental. Sem alarde, sem recursos, apenas com seus pés e com sua obstinação, quase uma loucura, ele gerou processos dos quais não vimos ainda todas as consequências. Com apenas um dicionário, uma gramática e uma tenacidade infinita e modesta, abriu vias inexistentes antes dele. A história desse herói húngaro vale a pena ser contada. Ele se chamava Alexander Csoma de Kőrös.

Nasceu na Transilvânia, no final do século XVIII, em uma família de nobres paupérrimos. Esses detalhes têm importância. A região era estranha, de difícil acesso. Conservava algo de selvagem e sombrio na Europa. Ser nobre impedia o trabalho, mas não impedia a pobreza. A família levava uma vida de camponeses pobres, humilhação e orgulho.

Para continuar os estudos com os religiosos, que perceberam seu dom para as línguas, o jovem Alexander fazia a faxina da escola. Enquanto seus colegas descansavam ou se distraíam, ele varria, lavava a louça, guardava o material. Era alvo de zombaria. Aprendeu a viver sem se preocupar com os sarcasmos.

Uma única coisa o interessava: as línguas. Ele aprendeu rápido o latim e o grego, virava-se em alemão e aperfeiçoou o inglês. A estranheza da sua própria língua, o húngaro, começou a preocupá-lo. Nessa época, a Europa descobriu o sânscrito, a língua sagrada da Índia, e interessou-se por seu parentesco com as línguas europeias. Mas o húngaro não era da família indo-europeia, vinha de outro lugar. Mas de onde? O povo magiar falava de um idioma ligado a suas origens. Alexander pôs na cabeça que iria descobri-lo. Fez um juramento de sangue – em companhia de colegas tão exaltados quanto ele – que faria tudo para realizar a missão.

Nessa época, alguns achavam que o povo e a língua magiar vinham da Mongólia. E Alexander tinha uma única ideia, um único objetivo na vida: ir até lá, verificar, encontrar a origem de seu povo, ligar a estranheza presente ao antigo passado na Ásia. Mas como se vai dos Cárpatos à Mongólia quando se é pobre? A pé.

Mas não de um dia para o outro. Alexander conseguiu uma bolsa do Reino Unido para continuar os estudos em Göttingen. Quando voltou ao seu país natal, sentindo-se finalmente pronto, partiu do pequeno vilarejo de Kőrös a pé, com uma mochila nas costas. Estamos em 1819, e ele tinha 34 anos. Três anos mais tarde, ainda andando, Alexander chegou aos contrafortes do Himalaia. Passou pela Turquia e pela Pérsia, trabalhando para comer, fazendo um longo desvio para evitar uma epidemia de peste e, *en passant*, aprendendo o turco e o persa, que foram adicionados a seu leque linguístico.

O homem era taciturno. Sério, austero, obstinado. Mas era também tão inteligente e aplicado quanto teimoso. No Tibete, viu-se bloqueado pela neve. Começou a assimilar os rudimentos da língua tibetana, aprendeu o alfabeto, pouco a pouco fez amizade com os lamas. Sensíveis à sua vontade de saber, à sua seriedade, acabaram redigindo, especialmente para ele, uma apresentação do budismo, respondendo a suas perguntas de maneira detalhada. Nenhum ocidental antes dele tinha tido essa chance.

Alexander ficou sete anos nas montanhas. Inverno e verão. Trabalhando em uma cela monacal, praticamente sem aquecimento, quase sempre na mais completa solidão, tornou-se o primeiro tibetólogo da história, o primeiro europeu capaz de ler e escrever o tibetano, dominar a língua e descobrir, em primeira mão, os textos e os pensamentos desse budismo singular.

Os ingleses tinham interesses estratégicos na região, e o Tibete era uma peça decisiva nesse jogo. Eles encomendaram a Alexander um dicionário tibetano-inglês e uma gramática do tibetano. Na juventude, fundos ingleses permitiram que ele continuasse os estudos. Sendo um homem de palavra, honra e dever, Csoma de Kőrös aceitou fazer o dicionário e a gramática. Do Himalaia, foi a pé até Bengala, e depois a Calcutá. Ficou vários anos lá, morando na Royal Asiatic Society of Begal, a primeira instituição de pesquisa fundada pelos britânicos. Alexander dormia em um quartinho, no chão, com uma caixa de livros em cada canto do seu colchão de palha.

Em 1836, dezessete anos depois da sua partida da Hungria, Alexander terminou o trabalho. Ele abriu as portas do Tibete para o saber europeu. Pagou sua dívida simbólica com os ingleses e mostrou que era um sábio e um pioneiro. Mas não cumprira a sua verdadeira missão, não cumprira o seu juramento: encontrar a origem dos magiares na Mongólia. Decidiu partir de Calcutá. Ainda sozinho, ainda a pé, e ainda sem um tostão no bolso, resolveu "dar uma volta pela Ásia", como diz em uma de suas últimas cartas.

Ainda me lembro da emoção que senti no dia em que encontrei por acaso seu túmulo no cemitério de Darjeeling. Uma coluna quadrada, de pedra clara, cercada por grades de metal, erguida mais tarde pelas autoridades húngaras, esconde um pouco o túmulo, no qual há várias placas de mármore e textos escritos em várias línguas. Todos celebram esse sábio, virtuoso até as raias da loucura, que repousa no pequeno cemitério perdido nos contrafortes do Himalaia. Alexander, andando em direção a sua promessa da juventude, morreu aos 58 anos, em consequência de uma simples disenteria. Em sua bagagem, não havia dinheiro, mas livros em doze línguas diferentes.

Por que eu quis fazer desse caminhante louco um filósofo? Afinal, ele não escreveu nada que trate diretamente de metafísica, lógica ou moral. Afirmo, apesar de tudo, que Alexander merece ser chamado de filósofo, e até mais legitimamente que seu homônimo, o imperador macedônico que foi aluno de Aristóteles. Mas isso exige uma justificação.

É simples: considero filósofo qualquer um que atravesse fronteiras, abra brechas, fissuras, barreiras, cercas, qualquer um que permita que universos mentais separados se encontrem, com o rigor que a tarefa exige. Desse ponto de vista, Alexander não andou simplesmente entre os continentes, o que faz dele um viajante excepcional, mas não um filósofo. Ele andou entre línguas e civilizações, abrindo caminhos que, depois dele, outros puderam tomar, armados com os instrumentos que ele forjou.

Ele andou entre as culturas do Ocidente e da Ásia, abrindo brechas, preparando estradas. Permitiu que o horizonte se desanuviasse, que se começasse a vislumbrar como o mundo se pensa aqui e lá. Nem o sujeito, nem o objeto, nem o ser, nem o nada, nem a continuidade, nem a descontinuidade, nem o tempo, nem a eternidade são concebidos de maneira idêntica na metafísica europeia e na antimetafísica tibetana.

É em parte graças à longa caminhada de Alexander, dos Cárpatos a Calcutá, que pudemos avaliar a importância disso. E devemos continuar a fazê-lo, porque a grande marcha ainda não terminou.

Por uma questão de rigor, devo esclarecer que a hipótese de uma origem mongol dos magiares e da língua húngara revelou-se falsa. A descoberta das línguas "fino-úgricas" permitiu que tanto o húngaro quanto o basco fossem classificados em um ramo linguístico originário do norte da Europa, e não da Ásia.

Alexander, perseguindo uma quimera, descobriu um mundo real, até aquele momento desconhecido.

Não descartamos que essa possa ser uma definição do que fazem os filósofos.

23

Marx vê a História caminhar

A humanidade avança e, um dia, deve acabar tornando-se livre.

"Ele sacrificava o corpo ao cérebro: pensar era seu maior prazer. Ouvi Marx repetir muitas vezes a palavra de Hegel, seu professor de filosofia na juventude: 'Mesmo o pensamento criminoso de um bandido é maior e mais nobre que todos as maravilhas do céu'". Paul Lafarge escreveu essas linhas em 1890, alguns anos depois da morte de Marx, de quem era genro.

Por que cito esse testemunho? Não para colocar sob os holofotes o paradoxo de um pensador materialista, capaz de agir com grande desprezo por seu corpo, comendo pouco e mal, dormindo do mesmo jeito, mostrando um regime de vida no mínimo deplorável. Não é por acaso que Marx morreu sentado, na poltrona de seu escritório em Londres, com apenas 65 anos. Uma vida de excessos – excesso de trabalho, excesso de privações, excesso de preocupações e problemas, privados e públicos, filosóficos e políticos... – derrotou seu organismo, que, no entanto, era robusto. De tanto imaginá-lo na biblioteca em Londres, sempre escrevendo em sua escrivaninha – fossem artigos para mal conseguir alimentar a família, fosse sua obra teórica interminável, fossem as diretrizes e os programas políticos –, acabamo-nos esquecendo de que Marx foi um caminhante.

Mas essa indicação foi fornecida pelas lembranças pessoais de Paul Lafarge. É por isso que quis falar dele. Paul viu Marx andar pela cidade, pelo escritório, pelo campo... E insiste:

> O único exercício físico que praticava com regularidade era a caminhada. Podia andar e subir colinas durante horas, falando e fumando, sem sentir o menor cansaço. Posso afirmar que ele trabalhava andando em seu escritório, sentando-se apenas curtos períodos para escrever o que seu cérebro elaborara enquanto ele ia e vinha pelo cômodo. Mesmo conversando, gostava de andar, parando de vez em quando, se a discussão se animava ou se o encontro era importante. Eu o acompanhei em seus passeios noturnos em Hampstead Heath durante anos. Foi durante essas caminhadas pelas pradarias que aprendi economia. Ele desenvolvia diante de mim, talvez sem perceber, todo o conteúdo do primeiro volume de *O capital*, à medida que o escrevia.

Em Marx, assim como em Hegel, mas de outra maneira, trata-se da marcha da história, da marcha da humanidade, da marcha dos acontecimentos, das revoluções, das mudanças de época... Ele não se cansa de dizer que havia compreendido a marcha *real* da história. Dizia ter decifrado o enigma. Marx proclamava ter abandonado o terreno das imagens e das representações pelo real – que é material e econômico. É óbvio que não devemos acreditar piamente. Mas vale a pena examinar o que ele diz.

Do mestre Hegel, que ele apelidou de "o Velho", Marx conservou a dialética: as situações históricas evoluem por causa de suas contradições, de suas tensões internas. Mas é preciso inverter a imagem, olhar no sentido oposto. Hegel, segundo Marx, não se enganou sobre o papel da dialética, e sim sobre o registro em que ela se exerce. Hegel acreditava em uma marcha do espírito, uma dialética dos conceitos. Para ele, diz Marx, a dialética "anda de cabeça para baixo; basta colocá-la em pé para lhe dar uma fisionomia perfeitamente racional".

Colocar a dialética "em pé", ver a história caminhar no bom sentido, de maneira concreta, significa, para Marx, pensar como um materialista, partir da vida concreta dos seres humanos. É a maneira como eles produzem a subsistência, transformam o mundo material, organizam coletivamente essa transformação e os intercâmbios necessários que faz a história andar. Esse fundamento material foi negligenciado, negado, omitido. Em seu lugar, foram inventadas causas imaginárias e fantasmagóricas.

Marx já dizia em *A ideologia alemã*: "Até aqui, toda concepção histórica ou deixou completamente de lado essa base real da história, ou a considerou algo acessório, sem nenhum laço com a marcha da história". Assim, acreditou-se que as ideias faziam o mundo andar. Na verdade, é o contrário: o mundo é que faz as ideias andarem. Elas nascem das mudanças materiais, mudam com elas, transformam-se à medida que as condições de vida concretas se metamorfoseiam.

Então, em Marx, trata-se de caminhada. Como em Hegel. Mas não se trata em absoluto da caminhada do Espírito. A dialética é material. Sua caminhada é a da produção, da economia, das bases reais da vida. Esse é o bê-á-bá da reviravolta operada por Marx. Mas ainda precisamos dar um ou dois passos a mais.

Devemos compreender que a história material anda sozinha, sem depender do trabalho comum dos seres humanos. Essa caminhada é o resultado do "poder conjugado" dos esforços, da cooperação de uns com outros, mas também constitui uma força que se impõe de fora. Essa realidade não é percebida. Os seres humanos não veem o que fazem:

> A força produtiva decuplicada que nasce da cooperação dos diversos indivíduos condicionada pela divisão do trabalho não aparece como uma força estrangeira, situada fora deles, da qual não sabem nem de onde vem, nem para onde vai, que eles não podem dominar e que, inversamente, percorre uma série particular de fases e estados de desenvolvimento, tão independente da vontade da marcha da humanidade que, na verdade, ela dirige essa vontade e essa marcha.

A humanidade se encontra prisioneira de uma representação distorcida, que a obriga a andar contra sua vontade. Em que consistiria sua libertação? A humanidade deveria reapropriar-se da consciência de sua própria força, não se submeter à caminhada da história, compreender que essa caminhada depende apenas dela mesma.

Nesse sentido, a emancipação dos trabalhadores, para Marx, evoca exatamente essa caminhada. Mas a questão não é mais a da grande marcha da história, da humanidade e dos modos de produção – marcha mecânica, anônima e impessoal. Ao contrário, a questão é aprender a andar. Para além do reino da necessidade, dos trabalhos forçados, a humanidade deve aprender como caminhar sozinha, em pé, inventando onde quer ir ao reinventar a si mesma, não sendo mais acionada de fora pelas engrenagens da caminhada do mundo.

Em um texto bastante estranho, datado de 1876, Friedrich Engels fala da caminhada como sinal distintivo da espécie humana. Evidentemente, não é por acaso. O artigo se chama "O papel do trabalho na transformação do macaco em homem". Ele desenvolve a ideia de que a evolução da espécie humana estava ligada inicialmente ao trabalho. Em Marx – sempre mais sutil que Engels, o que na verdade não é difícil –, encontramos uma ideia diferente: para além do trabalho, começará a verdadeira caminhada dos seres humanos. Aquela que será livre. O macaco começou a trabalhar e a andar. O homem seguiu em frente, levado, apesar dele e fora dele, pelo trabalho. Um dia, o homem vai andar segundo sua vontade, e o trabalho seguirá atrás dele. Talvez...

24

Thoreau anda no mundo selvagem

Sair da civilização, fundir-se com a natureza, recobrar a origem e o instinto é o paraíso ou o inferno?

Henry David Thoreau não fingia. Andar, para ele, não era uma distração. Não era um lazer nem um *hobby* ou uma paixão. Pelo contrário, ele fez da caminhada o sinônimo exato da vida, tomado em seu sentido mais elementar, mais bruto e mais forte: uma força soberana, que escapa às regras, às normas, às convenções. Thoreau andava tanto porque se tratava, para ele, de uma necessidade profunda, imperiosa, misteriosa. A da própria vida.

Ele andava pelo menos quatro horas por dia, e bem mais em alguns períodos. Frequentemente, dias inteiros, em várias direções. Às vezes, ao acaso. Não para ir a algum lugar, mas, sobretudo, para se aproximar do desconhecido. Thoreau gostava de fazer descobertas, de perceber de repente o lado insólito de um lugar que pensava conhecer. Ficava encantado quando aparecia uma fazenda isolada, um bosque escondido, um rio secreto onde achava já ter esquadrinhado tudo.

Thoreau andava em simbiose com a natureza, em um interior dos Estados Unidos ainda pouco modificado – longe das cidades, do mundo e da civilização. Estamos em meados do século XIX: o continente ainda era pouco povoado, bem pouco urbanizado. Em certas regiões, era possível andar durante dias sem encontrar vivalma. Como não imaginar que se encontraria o original, a realidade primeira, a natureza bruta a cada passo?

Thoreau mergulhou com entusiasmo nessa existência primitiva e cósmica. Viveu no meio das árvores, esforçou-se para se tornar autossuficiente, obrigou-se a sentir, em si e em torno de si, a força cósmica da vida – enigmática, livre, soberana. Absolutamente bruta. Thoreau descreveu essa existência na natureza, em fusão com os elementos, com as vidas animais, em *Walden ou a vida nos bosques*. Não é por acaso que esse livro se tornou *cult* para alguns. Os movimentos que querem acabar com a técnica, pôr um ponto-final no domínio do homem sobre a natureza e em sua lista de arrogâncias inúteis, na destruição irreversível, fizeram de *Walden* uma espécie de novo Evangelho.

O termo não é exagerado. A caminhada, para Thoreau, tem realmente um significado absoluto e redentor. Para ele, os caminhantes formam uma confraria secreta, um povo raro, um arquipélago de exceções tocadas por uma graça misteriosa e radical. "Durante a minha existência, encontrei apenas uma ou duas pessoas que entenderam a arte da caminhada", afirmou Thoreau em uma conferência decisiva, dada na primavera de 1851 e publicada com o título de *Caminhando*. Ele considerava esse ensaio uma introdução ao seu pensamento.

Logo de cara, o ato de andar é considerado uma questão vital e espiritual. Não se trata em absoluto de uma diversão, mas de salvação, redenção, reconquista da natureza perdida: "Cada caminhada é uma espécie de cruzada, pregada pelo Pedro eremita que dorme em cada um de nós, para sair em busca da reconquista da Terra Santa que caiu nas mãos dos infiéis". Para Thoreau, a caminhada exige, idealmente, uma ruptura absoluta com os nossos fundamentos: "Deveríamos começar cada passeio com um espírito de aventura eterna, sem volta". Andar, consequentemente, é cortar todos os laços, partir sem intenção de voltar, desfazer todos os laços: "Só quando estiver pronto a abandonar pai e mãe, irmão e irmã, mulher, filhos e amigos, e nunca mais vê-los, quando tiver quitado todas as suas dívidas, quando tiver escrito o seu testamento, organizado seus negócios e for um homem livre, somente então você estará pronto para andar".

Qual é o sentido dessa ruptura, então? Rumo a qual Terra Santa, a qual beatitude parte o caminhante em busca do Absoluto? Em que consiste o inferno que ele quer deixar para trás, o velho mundo que pretende abandonar para sempre? Não é difícil descobrir as respostas. Basta ler, até o fim, essas páginas inflamadas.

Para onde vai a caminhada, segundo Thoreau? Para o "selvagem". É para lá que ela se dirige, é lá que ela se manifesta, que ela imerge e se desenvolve. O "selvagem" – *Wild* – é o que a caminhada habita, atravessa e alcança. Ela diz adeus às cidades, aos artifícios, às técnicas. Rompe com a civilização, com as convenções, com as normas, com os códigos. Abandona a cultura, e até mesmo a linguagem, para ser apenas corpo, sensações, instinto, cosmos.

A Salvação, a Terra Santa, a vida, é o *Wild*. "Na vida selvagem, encontra-se a salvaguarda do mundo", conclui Thoreau. O inferno, as trevas, a antivida são as cidades, as leis, as ordens simbólicas – linguagem, cultura, obstáculos construídos pelos seres humanos. "Mostre-me uma natureza selvagem que nenhuma civilização suporta ver." Thoreau esclarece: "Peço algo [...] que nenhuma *cultura* consegue dar".

A questão, portanto, é caminhar não apenas *fora* da cultura, mas contra ela. Essa rebelião contra a ordem, contra todas as ordens, todos os saberes, todas as regras e a favor do selvagem, do livre, do instintivo, pode parecer atraente a princípio. Ela tem como trunfo uma espécie de ardor indomável e fanfarrão, um perfume de exigência incondicional. Ela pode iludir. Mas é apenas ilusão. Pelo menos a meu ver.

Uma ilusão perigosa. Esse louvor do "selvagem" é uma fantasia. Essa aversão às cidades e à cultura, esse ódio da civilização carrega uma violência fanática, destruidora e até mesmo exterminadora. Andar fora do humano torna-se rapidamente andar contra o humano. A superestimação grandiloquente da natureza, dos grande espaços, de tudo o que é bruto e indomado, também exala, a meu ver, um fedor odioso e perigoso. Seja qual for a visão de Thoreau, de seus aduladores e sucessores, marchar contra a civilização, contra a cultura, contra as leis e as normas não parece nem grande, nem desejável. Basta um passo, às vezes fácil de dar, para passar do selvagem ao bárbaro, do louvor do bruto à brutalidade.

Em oposição a esse fascínio pelo selvagem, insisto em preferir – como fizeram através dos milênios todos os sábios, artistas, pensadores, arquitetos, políticos, filósofos e escritores que contribuíram para humanizar o mundo – o que é trabalhado ao que é bruto, o que é civilizado ao que é selvagem, o que é construído, transformado, codificado ao que é dado tal e qual pela natureza. Porque é por esse caminho que a história humana anda.

No fundo, existem apenas duas caminhadas, e elas vão em sentidos opostos.

Uma – antiga – caminha para fora do caos, do instinto, do imperfeito, do selvagem, da natureza bruta, inculta e rude, para alcançar um mundo humano construído, edificado, fabricado.

Outra – recente, mas que se diz antiga – aspira a abandonar a ordem construída para abraçar a suposta liberdade do mundo e sonha rechaçar tudo para alcançar um paraíso selvagem que acredita ter perdido.

Sem vacilar, prefiro a maneira de andar da civilização. No caminho do paraíso selvagem, pensando reencontrar-nos, tenho certeza de que nos perderemos, assim como se perderam Thoreau e os que o seguem.

25
Kierkegaard se esconde nas ruas

Ele anda ao acaso em Copenhague, horas e horas, quase todos os dias. E, à noite, em casa, escreve freneticamente.

"Sobretudo não perca a vontade de andar; a mim mesmo, todos os dias, a caminhada me oferece bem-estar diário e me afasta das doenças. Meus melhores pensamentos me ocorreram ao andar, não conheço nenhum pensamento que seja tão pesado a ponto de não podermos nos afastar a passos largos." Søren Kierkegaard tinha apenas 34 anos quando escreveu essas linhas em Copenhague, em 1847. Dirigia-se a Henriette, sua "querida Jette", sua cunhada, segunda esposa de seu irmão Peter.

À primeira vista, parece ser apenas uma questão de saúde. Andar é saudável, não esqueçamos. Para manter a boa forma, devemos fazer uma quantidade mínima de exercícios diários etc. Devemos sempre desconfiar da primeira vista, sobretudo com um pensador tão paradoxal, sutil e atormentado quanto esse dinamarquês que faz de tudo para não ser situado, classificado, catalogado e rotulado.

Quando você acha que ele é filósofo, ele se torna escritor. Quando você o considera cristão, ele diz que é impossível ser cristão. Quando você quer saber o que ele pensa, compartilhar o que ele escreve, não o encontra obrigatoriamente onde ele se mostra, porque ele se disfarça com pseudônimos, máscaras, reflexos. Assim, quando ele apresenta a caminhada como uma simples questão de saúde, desconfie.

Aliás, ele esclarece à sua querida Jette que a saúde nunca é um estado permanente. Estamos sempre correndo atrás dela:

> Mesmo que um indivíduo corresse perpetuamente atrás de sua saúde, ele não conseguiria alcançá-la, porque vai estar sempre um passo atrás dela – então, eu diria: *ande*! É claro que é pela prática contínua da caminhada que nos aproximamos tanto quanto possível do bem-estar, apesar de nunca conseguirmos alcançá-lo completamente – em todo caso, quanto mais ficamos sentados e mais permanecemos sentados, mais nos sentimos mal.

Eis que, de repente, a caminhada mostra duas faces: corrida em direção à felicidade, a qual nunca alcançamos totalmente, e fuga da tristeza, na qual afundamos quando ficamos parados.

"Enquanto andamos, tudo anda bem", acrescenta Kierkegaard, usando todos os sentidos do verbo, porque na verdade eles não se diferenciam. Quando ando, tudo anda bem, o mundo anda, porque a única coisa que importa é o movimento, a peregrinação, o próprio fato de não estagnar, de não permanecer inerte, estático, lânguido – sentado. Quando perdemos o prazer de andar, quando os movimentos não se encadeiam mais, tudo desaba, nada mais anda bem.

Isso pode acontecer. Søren anotou em seu *Diário*:

> Não tenho vontade de nada, nem mesmo de andar – é um cansaço! Nem de descansar, porque teria ou de ficar muito tem-

> po deitado, e não tenho vontade, ou de me levantar em seguida, e tampouco tenho vontade disso – nem de andar a cavalo, exercício bruto demais para a minha apa-tia; só tenho vontade de andar de carruagem.

De vez em quando, ficava deprimido e pegava uma carruagem para passar o dia no campo, ou, às vezes, vários dias. Esses passeios o levavam aos vilarejos de Zelândia, Hørsholm, Pedersborg, Fredensborg. Ele fez cerca de quarenta viagens de carruagem de fevereiro a novembro de 1844. Ou seja, ele sabia o que significava "perder a vontade de andar".

Mas isso não acontecia com frequência. Na maior parte do tempo, fosse qual fosse a temperatura, o clima ou a estação, Kierkegaard caminhava pelas ruas de Copenhague. Quase todos os dias, durante horas, a vida inteira. Sem itinerário fixo nem horário determinado. Nada a ver com os hábitos de Kant em Königsberg. Søren andava ao acaso, ao capricho do seu humor e dos seus encontros. A cidade era calma, hospitaleira, grande o suficiente para passear sem nunca se entediar, pequena o suficiente para ter certeza de cruzar com um conhecido.

Porque todo mundo conhecia o belo jovem rico, ocioso, elegante, que morava sozinho em um belo apartamento de primeiro andar na Nørregade e saía dessa rua central para perambular por todos os lados, durante dias inteiros, cumprimentando uns, evitando outros, como se não tivesse absolutamente nada para fazer. Aliás, como poderia fazer alguma coisa, se estava sempre na rua, sempre andando?

No entanto, quando voltava para casa, escrevia. Sem parar, sem conseguir controlar-se, de maneira compulsiva. Tinha a impressão de não conseguir seguir os próprios pensamentos, de estar sempre correndo atrás deles. Andava todos os dias pela cidade e escrevia à noite, assim que fechava a porta, às vezes sem tirar o casaco e o chapéu. Em cada cômodo do apartamento, havia uma estante com papel, pena e tinta, para que começasse a escrever a qualquer momento. Lá, sem ninguém vendo, cobria febrilmente páginas e páginas.

E não assinava o seu nome. Inúmeros textos de Søren circularam sob uma diversidade de pseudônimos: Victor Eremita, Johannes de Silentio, Constantin Constantius, Vigilius Haufniensis, Nicolaus Notabene, Johannes Climacus, entre outros. Qual relação haveria entre o homem que andava pelas ruas, que todo mundo encontrava e observava, e essa avalanche de reflexões, panfletos, brochuras, análises?

Às vezes, Kierkegaard parece imaginar que não exista nenhuma. Andando tanto tempo em público, à vista de todos, ele dissimula seu frenesi gráfico. Andar pela cidade é mais um pseudônimo, uma maneira eficaz de fazer acreditarem que ele é outro. Ao se exibir, ele se esconde.

Mas esse andar é ao mesmo tempo fonte de observações, ruminações, inspiração. Enquanto anda, ele acumula e medita sobre o que vai perseguir, à noite, com a pena na mão. Talvez seja um erro, então, acreditar que havia dois tempos, dois universos: um constituído pelas caminhadas no mundo exterior, e o outro composto pelos escritos no mundo interior. Na verdade, os dois se sobrepõem, correspondem-se e prolongam-se: existe apenas uma única e mesma existência, uma subjetividade pura, atravessada por emoções, dúvidas, fulgurâncias. É isso que diz a obra de Kierkegaard.

26

O que Nietzsche percebe ao andar

Para parar de acreditar que Nietzsche se contradiz, devemos compreender o que a caminhada muda em seu olhar.

"Pensar ao ar livre, andando, pulando, subindo, dançando, de preferência nas montanhas solitárias ou à beira-mar, onde até mesmo os caminhos se tornam meditativos." Esse é seu modo, seu caminho pessoal, seu conselho – seu *éthos*, como ele diz, ou seja, ao mesmo tempo seu comportamento, seu modo de vida, sua norma inicial. Ele mobiliza o corpo, o movimento e o esforço, sem distinguir o músculo e a intuição, os atos e a reflexão. Porque tudo se move junto. Nietzsche volta a isso com frequência: não existe pensamento alerta sem passo alerta. O que é concebido sentado – parado, no escritório, na biblioteca – será limitado, fixo, curto. Ou mofado.

Falta entender o porquê. Vamos supor que o mundo dos pensadores se divide em dois. Em um, os "bundas-moles", pernas secas, intestinos presos, ideias complicadas ou confusas. Em outro, os passeadores, pés ágeis, entranhas limpas, pensamentos aguçados, afiados, vivos. É impressionante, sem sombra de dúvida. Engraçado ou sedutor, eventualmente. Mas essa divisão estanque se baseia em quê? E o que significa?

Essas perguntas não são feitas com frequência. Alguns leitores de Nietzsche dão de ombros, a maioria se contenta em concordar com ele, em vez de interrogá-lo. É isso que quero fazer. Porque, em primeiro lugar, tenho a impressão de que não entendi por que Nietzsche insiste tanto na caminhada.

Nenhum filósofo, provavelmente, concedeu à caminhada tanta importância, tempo e esforço. Nietzsche andou a vida inteira, até desabar e sobreviver em uma cadeira de rodas, imóvel e quase mudo, durante dez anos. Enquanto conseguiu pensar, escrever e realmente viver, ele andou. Seus passeios eram longos, variados, e privilegiavam lugares escarpados, desnivelados, amplos. Percorreu tanto os lagos suíços (Sils-Maria), as Dolomitas e as falésias do Mediterrâneo (Èze) quanto as cidades italianas (Turim, Gênova) e francesas (Nice, Menton).

Mais que qualquer outro, repetiu até seu último brilho, em *Ecce Homo*, "não acreditar em nenhum pensamento que não tenha sido composto ao ar livre, no movimento livre do corpo – em nenhuma ideia em que os músculos também não tenham participado da festa". De novo, por quê? Porque essa era sua singularidade? Será que se tratava apenas da fisiologia de Friedrich, de sua idiossincrasia pessoal?

Se fosse o caso, bastaria ver Nietzsche como a perfeita ilustração dessa família de pensadores que considera a natureza um escritório. Pessoas que pensam com os pés e percorrem a própria alma ao mesmo tempo que o chão, que têm necessidade vital de se mexer para refletir. Como vários filósofos antigos, e como Thomas Hobbes, que, segundo dizem, tinha um tinteiro no pomo da bengala para anotar as ideias que lhe ocorriam durante as caminhadas. Como Montaigne, Rousseau, Thoreau e tantos outros, que eram pensadores de longa distância, e não ratos de biblioteca.

E daí? É apenas uma categoria? Uma questão de gosto, de temperamento?

Nietzsche responde claramente. Sim, é realmente uma questão de órgãos e fisiologia. Sim, existem corpos pesados e corpos alertas. Sim, eles produzem pensamentos complicados ou alegres intuições. Sim, desconfie dos pensamentos secretados por entranhas paradas, privilegie os que brotam dos músculos em movimento. É fácil ver o que está em jogo nessas afirmações: parar de distinguir corpo e alma. Nietzsche celebra a união do intestino e do intelecto. O organismo vivo é a fonte de todo pensamento. Refletimos como digerimos, digerimos como andamos. Ou estagnamos no ranço e na imobilidade, ou seguimos em frente com alegria.

Nietzsche vai até o fundo dessa verdade corpo-alma, marcha-pensamento. Só se escreve bem, diz ele, "com os pés". Ele defende a mais completa equivalência entre o pensador e o dançarino, entre as orelhas e os dedos do pé: "O dançarino carrega as orelhas nos dedos dos pés", diz Zaratustra. O tremor das pernas, a vivacidade do passo são critérios que não enganam: "Vemos pelo gingado de cada um se ele encontrou seu caminho. O homem que se aproxima do objetivo não anda, dança".

Depois de recordarmos essas afirmações, volta a questão: o que as justifica? Uma evidência inequívoca que se imporia sem que se saiba nem como, nem por quê? O arbitrário, a necessidade? Como acontece frequentemente com Nietzsche, temos a impressão no início de ter de fazer uma espécie de diagnóstico abrupto: "É desse jeito". É pegar ou largar. Não é preciso justificar ou legitimar. A própria questão de saber se esse estatuto do corpo andante-pensante é verdadeiro ou falso não merece ser levantada: Nietzsche desqualifica os privilégios antigos da verdade e elogia as ilusões necessárias. Entretanto, corremos o risco de andar em círculos, achando que ele se contenta em transformar em regra sua própria necessidade de andar. De uma necessidade pessoal, ele faz uma lei universal. De uma idiossincrasia, ele tira uma regra válida para todos. Na verdade, não é tão simples.

Acho possível trazer à tona o que Nietzsche vê quando anda, relacionar as caminhadas à sua filosofia não acreditando simplesmente em suas afirmações definitivas. Para isso, basta perguntarmo-nos o que acontece, efetivamente, quando andamos de um vale a um pico.

Em primeiro lugar, um movimento. Evolução, mudança, e não identidade fixa, postura rígida. Se Nietzsche pensa por intermédio da caminhada, é porque, em primeiro lugar, está interessado no devir, e não no ser. Ele privilegia o fluxo da realidade, a incessante mutação das coisas e dos indivíduos, das formas e dos instantes, no rastro de Heráclito. Em vez do imutável, do eterno, das formas fixas e das ideias cristalinas sonhadas por Platão e pelo Ocidente, Nietzsche recupera a metamorfose de todas as coisas. Nada continua idêntico. Tudo flui, torna-se, muda, morre, renasce... No mundo, há apenas fluxo, movimento e passagem – é isso que a caminhada evoca a princípio. Pensar andando é mover-se incessantemente, é avançar continuamente na cabeça e no corpo, nos julgamentos e nas frases. A imobilidade é irreal, apenas a caminhada convém ao mundo.

Em segundo lugar, quando se anda na montanha, ganha-se altitude, o olhar abraça o todo da paisagem. A configuração dos elementos se revela claramente. A disposição das casas, dos vilarejos, dos rios, dos bosques se manifesta. Torna-se possível distinguir uma organização que nunca se mostra quando se está no vale, entre prédios, ao longo de um rio.

Nietzsche pode andar nas alturas porque tem acesso à paisagem completa. Ver com mais amplidão, com mais vastidão que do nosso lugar habitual, mais longe que a ponta dos nossos sapatos. Esse tema é antigo na filosofia. Nietzsche não o inventou, assim como não inventou o devir, mas o retoma e intensifica. Nietzsche substituiu o antigo exercício espiritual dos estoicos – que consistia em ver o mundo de cima, distanciar-se para distinguir seu próprio lugar na paisagem mais ampla – pela perspectiva dominante – que permite contemplar os séculos, as civilizações, as tendências de longo prazo. É apenas do alto que percebemos como nascem e morrem os sentimentos, os instintos, os valores... Andar, nesse caso, não é viajar, mas fazer um movimento para fora do quadro, para contemplar do mais alto.

Enfim, e sobretudo, andar do vale até a montanha permite mudar de perspectiva. O que se investiga é ainda o mesmo mundo (o conjunto vale-montanha), mas ele é percebido de outro ponto de vista. Se Nietzsche anda, sobe, eleva-se sobre os picos, desce de novo, caminha, sobe de novo, muda de vale, atravessa um desfiladeiro... é apenas, acho, para multiplicar as perspectivas.

Para compreender a abordagem de Nietzsche, esse é um ponto essencial. Quando começa a estudá-lo, o leitor tem, no começo, a impressão de que ele se contradiz, muda de julgamento, diz uma coisa e a refuta. Às vezes, até as pessoas de boa vontade se desconcertam. Veredito: filósofo incoerente, uma biruta ao sabor do vento, capaz de dizer branco de manhã e preto à noite. Esse leitor se esquece da caminhada, da montanha e do vale, das mudanças de perspectiva.

Na verdade, dependendo do ponto de vista, Nietzsche vê de outra maneira e julga em consequência disso. Por exemplo, ele elogia o budismo, sua higiene mental, sua pureza, quando tem em mira o cristianismo e seu "transtorno", que condena a carne e mortifica o corpo. Como entender, a partir disso, que ele ponha o cristianismo e o budismo no mesmo saco, por assim dizer? É porque a perspectiva é outra: essas duas religiões – opostas sob certo ponto de vista – se parecem e se juntam sob outro ponto de vista, nesse caso, o do "não" à vida, ou seja, a recusa do desejo e do sofrimento.

A mesma coisa acontece com uma quantidade de noções que pensamos ser contraditórias, mas na verdade não há contradição nenhuma. Por exemplo, a castidade pode ser boa ou ruim, a dieta pode ser benéfica ou nociva, a meditação pode ser fecunda ou estéril, a crueldade pode estimular ou destruir... o próprio pensamento pode vivificar ou matar. É uma questão de vale ou montanha. Circunstância, contexto. Perspectiva. Variações, contrastes. É isso que Nietzsche vê quando anda.

Ele não anda para se sentir melhor, para ativar a circulação sanguínea e respiratória. Em todo caso, não apenas para isso. Ele anda para ver de ângulos diferentes, de perspectivas variadas. Ele explora, e nós, com ele, as diferenças de nível, as diferenças de potencial no tempo e no espaço. Essa poderia ser uma maneira de considerar o trabalho dos filósofos.

27

Como andar entre as palavras? O caminho L. W.

O que Wittgenstein está fazendo sozinho em uma cabana perdida no fundo de um fiorde? Está desconstruindo a filosofia.

Skjolden, duzentos habitantes. Fica no coração da Noruega, bem no fundo de um dos mais imponentes fiordes do mundo, rasgando a terra por mais de duzentos quilômetros até as montanhas. Deixe o carro no estacionamento de Vassbaken, a três quilômetros do vilarejo. A pé, pegue a estrada de terra, a dos tratores. Quase nenhum passa por lá, mas é assim que eles chamam essas estradas lamacentas. Siga em frente pelo menos quinze minutos, e, depois de passar pelo rio (bom para pescar salmão, pelo que dizem) e caminhar um tempinho, vire à esquerda. Não tem como errar: tem uma placa indicando. A menos que tenha sido retirada ou esteja completamente coberta de neve, essas coisas acontecem. Senão, você verá escrito, na placa estreita de madeira em forma de seta: "Wittgenstein".

É a única trilha da Noruega batizada com o nome de um filósofo, pelo menos que eu saiba. Existem no mundo passeios, caminhos e alamedas com o nome de filósofos, como o caminho de

Kant em Königsberg, a trilha de Nietzsche em Èze, a alameda dos Filósofos, por onde passava Nichiren em Quioto etc.; mas, na Noruega, só essa ladeira cada vez mais íngreme.

Os últimos metros são um verdadeiro precipício. Aliás, hastes de metal foram fixadas na rocha para evitar que as pessoas escorreguem no inverno, quando tudo congela. Isso dito, chegando à cabana, a vista vale a pena.

Do alto do fiorde, cerca de vinte metros acima da superfície da água, o olhar desliza para o lago interior, profundo e tranquilo, cercado de paredes rochosas cobertas de florestas. Quando o filósofo morava lá, o sarilho ainda funcionava. Ainda existe a estrutura de madeira, mas o cabo sumiu. Bastava um balde para pegar água do fiorde e subi-la até a cabana.

Apesar de modesta, a cabana mais parece uma casa pequena. Sete metros por oito. O filósofo a construiu com as próprias mãos. Morou nela em vários momentos da vida, durante longos períodos. A primeira vez foi em 1913 e 1914, quando estava trabalhando no que seria sua obra inicial, o *Tractatus logico-philosophicus*; depois, em 1935 e 1936, para fugir de Cambridge e da vida universitária; e, em 1950, pela última vez, quando já lutava contra o câncer que iria matá-lo.

Para ir ao vilarejo, Wittgenstein descia a trilha e pegava a barca, ou então atravessava o fiorde a pé, quando o gelo deixava. Na maior parte do tempo, não via ninguém, não falava com ninguém dias inteiros. Era assim que ele se sentia bem, ou menos mal. Em todo caso, imerso no que lhe era necessário.

Skoldjen não foi o único refúgio de Wittgenstein. Ele também trabalhou como jardineiro em um mosteiro, como professor primário em vilarejos perdidos nos Alpes austríacos (Ottersthal, Puchberg, Trattenbach), como eremita em uma casa na Irlanda.

Teve uma juventude principesca no coração de Viena. Nasceu em uma das famílias mais ricas da Europa, cujo círculo de amizades contava com pintores, músicos, poetas, industriais e banqueiros. Nunca se interessou por essa vida. Quando herdou parte da fortuna colossal de seu pai, deu tudo. O que o interessava era andar fora desse mundo.

"Andar fora desse mundo", o que isso significa? Recusar o reluzente, as aparências, os códigos, mas também unir-se ao "verdadeiro" mundo – o dos camponeses, dos artesãos, das paisagens desertas, brutas, sem nenhum traço de cultura humana. Esse mundo é sentido, visto, cheirado, saboreado, percorrido, mas não é falado. Ou muito pouco. E muito mal. A grande questão de Wittgenstein é o que se pode dizer e o que é melhor silenciar.

Se alguém não tiver a mínima ideia do que seja o verde e vier lhe perguntar, o que você responde? A pergunta "o que é o verde?" não pode ser respondida de maneira satisfatória por meio de palavras. Você só pode *mostrar* coisas verdes. Apontar o dedo na direção do verde e dizer: "O verde é isso!".

Você entende então que o real do qual estamos falando está fora da linguagem. Às vezes, devemos designá-lo, simplesmente mostrá-lo, pois é impossível falar dele com palavras. É o que Wittgenstein chama de "místico": a experiência direta do mundo, fora das frases, independentemente das trocas e das conversas, do falatório interminável da cultura. Skjolden, a cabana na encosta do rochedo, o fiorde congelado ou escuro. O silêncio das árvores. O verde.

Não pense que me esqueci da caminhada, ou da filosofia, ou da obra de Wittgenstein. Na verdade, já estamos nela. Plena, mas curiosamente. Aliás, tudo é curioso em Wittgenstein. Vamos explicar. Em todo caso, vamos tentar.

O projeto de Wittgenstein é, em resumo, andar entre as palavras. Não fora delas, o que é impossível, e ele sabe muito bem disso. Nenhum ser falante sai da linguagem, mas pode tentar desarmar as armadilhas e desatar os laços ilusórios. Pode esforçar-se para desfazer o que Wittgenstein chama de "cãibras mentais", ou seja, questões falsas, problemas inexistentes que nos extenuamos tentando resolver ou acreditando que sejam insolúveis, explorando em todos os sentidos, quando na verdade não existe *nenhum* problema propriamente dito, apenas mal-entendidos e incompreensões.

Esse mundo de miragens tem um nome: filosofia. É um universo em *trompe-l'œil*, feito de séries de perplexidades, impasses, dilemas insolúveis... que, na verdade, não existem! Para Wittgenstein, a filosofia e todas as suas questões nascem da nossa incompreensão do uso das palavras e da natureza da linguagem. Tomamos os modos de falar por realidades existentes por si mesmas e não conseguimos mais escapar dessas falsas dificuldades.

A solução deve ser radical: desconstruir a filosofia, destrinchar suas questões. Relaxar as cãibras. De certa maneira, devemos andar entre as palavras, ou seja, inventar espaços, interstícios para fazer passar o ar, o distanciamento, o recuo. É o que Wittgenstein inventa com os "jogos de linguagem".

À primeira vista, são cenas curtas, histórias estranhas, às vezes absurdas, que nos fazem ver as palavras e as coisas de outra maneira. Por exemplo, sei que não existe um oitavo subsolo no meu prédio, e, no entanto, nunca aprendi isso, nunca me perguntei isso. Só vou saber quando falar a respeito disso, quando me perguntarem, mas não antes.

Esses jogos não são distrações, mas experiências. São percursos mentais, descobertas espirituais. O objetivo não é brincar, mas introduzir "o jogo" – a mobilidade, a flexibilidade – em nossa relação com a linguagem.

Desconstruir a filosofia andando entre as palavras é uma tarefa de longo prazo. Não diria interminável, porque levaria a crer que pode ser infinita e, portanto, inútil, mas é uma tarefa que não pode ser realizada em um ano ou em uma vida. Wittgenstein, um selvagem sábio e atento, tinha plena consciência disso. Por isso teimava não apenas em andar, mas também em mostrar, com os jogos que inventava, como podemos continuar, sem ele, a inventar novas escapatórias. Em Cambridge, os estudantes sabiam que ele nunca dava suas aulas no anfiteatro, ou mesmo em uma sala. Ele convidava pequenos grupos a ir ao seu apartamento, e falava a partir de algumas anotações em um caderno. Ou então levava os estudantes para andar com ele pelo *campus* e refletia enquanto perambulava.

Isso não lembra nada? Mas é claro que sim: esse moderno reinventou a caminhada dos filósofos antigos e recuperou a vida à distância e os exercícios espirituais. O círculo se fecha, os primeiros filósofos andavam, o último deles também. Por que o último? Não houve mais filósofos depois dele? Sim, é claro que houve. Wittgenstein é o último dos filósofos, porque tenta andar para fora da filosofia. Seu sonho era liquidá-la, deixá-la para trás. E passear, finalmente livre.

"ANDO COMO FILÓSOFO",

O QUE ISSO QUER DIZER?

Ninguém pode andar no seu lugar.
Nem filosofar por você.
São experiências
pessoais e subjetivas.
No entanto, é possível falar delas
a todos.

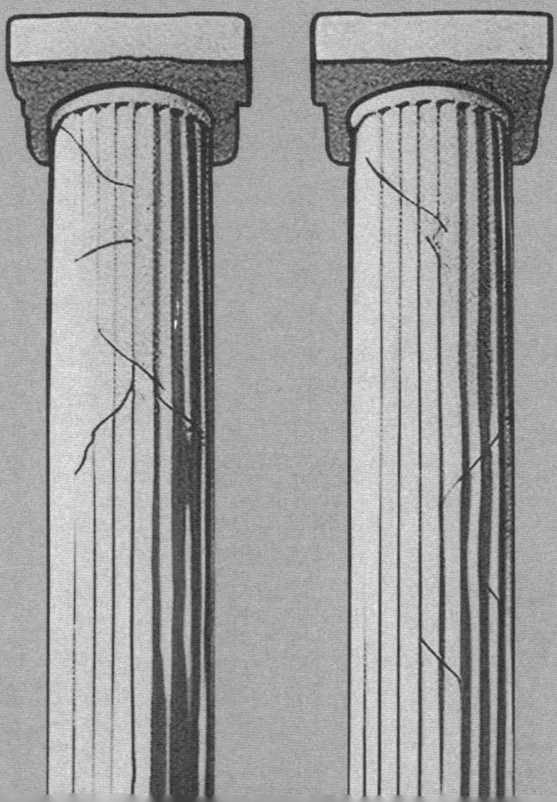

Se "ando como filósofo", considero a caminhada a matriz da relação humana com o mundo.

Nunca abandonei essa experiência primordial, interminável e simples, andando à beira-mar, por praias desertas, por longas extensões de areia cobertas de espuma, rajadas de vento e algas. Andar sempre, onde termina a terra firme, à beira de outro mundo, feito de água e sem rastros, privado de habitação, vegetação, cidades, estradas... percorrer a última margem transitável, à beira do infinito líquido onde os passos perdem o sentido. Tudo isso me ocupou durante anos.

Uma outra versão da caminhada monopolizou minha atenção muitas vezes: a que faz subir na direção dos desfiladeiros, descer na direção dos vales, sempre em terreno acidentado, nunca mais no plano. A montanha ensina a perspectiva, as mudanças de panoramas, e faz quase chegar ao que não pode ser abordado ou dito – fora do ser humano, o mistério tão próximo e inacessível da presença. Rocha ou água, horizontal ou vertical, a presença daquilo que não conhecemos entrega-se a quem "anda como filósofo", atento simplesmente ao que ele nunca vai saber.

O laço direto, nu, do corpo com o mundo pode ser sentido na caminhada. Meu corpo avança sozinho – sem apoio, sem máquina, sem motor –, fraco e obstinado. Meus passos são minúsculos, lentos, insignificantes, à primeira vista impotentes e frágeis, mas repetem-se, sucedem-se, encadeiam-se, acumulam-se. O que estava no horizonte aproxima-se pouco a pouco. Sozinho, percorro um fragmento do mundo com as minhas próprias forças. Se "ando como filósofo", tomo consciência dessa fragilidade e dessa força – e entendo que ambas são soberanas, que a grande humildade da caminhada também é um grande orgulho.

Não percebi isso de cara, porque a lentidão também acompanha o pensamento. "Andar como filósofo" não implica avançar rápido, compreender tudo em dois passos.

No que me diz respeito, sempre andei devagar. Passo a passo, como todo mundo, mas nunca a passos rápidos. Tanto quanto me lembro, sempre me senti desconfortável ao lado de pessoas que andam rápido. Parentes, amigos, desconhecidos, pouco importa, os foguetes que se deslocam a toda velocidade, movidos por uma energia que desconheço, sempre me pareceram pertencer a outra espécie.

Entretanto, essa lentidão nunca me impediu de andar muito, durante muito tempo, frequentemente. Pelo contrário, a resistência compensou meu parentesco com as lesmas. Porque a velocidade não tem a mínima importância aqui: a caminhada é, em primeiro lugar, um triunfo da paciência modesta, da tenacidade do corpo, da sua base no terreno. Persistir é melhor que correr. Aguentar vence o brilhar. O que importa não é o tempo, mas a duração.

Assim, avançar pouco a pouco à beira do mar, caminhar ao longo de uma falésia, atravessar um bosque, esquadrinhar uma cidade desconhecida, transpor um desfiladeiro, oferecer a cada dia uma quantidade suficiente de passos para sentir as pernas, tudo isso moldou meus hábitos de vida. No entanto, antes deste livro, eu não via essas peregrinações como filosóficas.

Hoje, acredito compreender melhor e gostaria de deixar isso claro. Não para construir uma teoria, mas apenas para esclarecer, para quem se diz filósofo, como se ajustam entre si caminhada, palavra e pensamento. Na verdade, os três formam uma única e mesma atividade, declinada segundo registros distintos, mas animada por um único e mesmo movimento interno.

Para a frente e para trás

Curiosamente, nesse processo, todos vão sempre para a frente. Nunca ninguém anda para trás, apenas de brincadeira – mas correndo o risco de não ver buracos e obstáculos. Mesmo quando dou meia-volta, mesmo quando volto para trás, ando para a frente. Se "ando como filósofo", também tenho de levar em consideração que só existe o que há pela frente – o horizonte, o passo seguinte, o tempo futuro. Sem dúvida, essa caminhada para a frente pode e deve ser alimentada pelo passado, pelo arcaico, pelos princípios anteriores; mas ela nos faz ir para a frente, e apenas para a frente.

Esse princípio é geral: o corpo anda para a frente, como a frase continua em direção às palavras seguintes, como o pensamento se desenvolve em direção à próxima ideia. Nada volta para trás. Nem o corpo, nem o pensamento. Nem o tempo nem as palavras. Mais uma vez, o passado vive neles. Ele os umidifica, irriga, mas não os aspira.

Se "ando como filósofo", ocorre-me a ideia de que aquilo que chamamos de "arcaico" não é a velha coisa morta e ultrapassada que imaginamos. Andar é arcaico, no sentido de princípio inicial, matricial, original, ou seja, constantemente portador de recursos e gerador de novidades. *Arché*, em grego antigo, significa o princípio, a regra na qual tudo se apoia, a qual prescreve a ordem do mundo. De maneira geral, imaginamos o princípio estático, parado. A caminhada – do corpo, do mundo, da história... – sugere, ao contrário, que o princípio tem como motor a instabilidade, o desequilíbrio, que é o único que permite o perpétuo progresso.

Se "ando como filósofo", vou ter em mente essa extraordinária profundidade de campo que engloba a história da terra, da vida, da espécie humana. Andando, mesmo que tiver dado apenas alguns passos minúsculos, inscrevo-me nessa história vertiginosa. É andando que a espécie humana povoou aos poucos o planeta, percorrendo passo a passo distâncias gigantescas.

Imagino grupos distintos – famílias, tribos, pequenas hordas – avançando lentamente, pouco além do que os precedentes – aventurando-se atrás de uma colina, logo além do rio, do outro lado da planície, aonde ninguém nunca fora antes... Um dia, dão meia-volta, no dia seguinte estão de volta, persistem, outros os seguem, durante gerações, séculos e séculos. A pé, sempre. Nos primórdios, antes da história, da memória, dos rastros... os seres humanos andaram assim, viveram onde seus semelhantes ainda não haviam chegado, avançando sempre, obstinados e insistentes.

Para conquistar o mundo? "Mundo" e "conquista" falam de poderes, possessões, anexações militares – são palavras de hoje, enganosas, carregadas de significados que apareceram bem mais tarde. Os humanos de antes da história não conquistaram nada propriamente dito. Habitavam a Terra, andavam para se estabelecer além, em outro lugar, aonde ninguém nunca fora.

Se "ando como filósofo", não posso esquecer-me de que devemos a esses périplos inumeráveis e sem arquivos o fato de vivermos em todas as regiões, solos e paisagens. Os hominídeos percorreram o globo terrestre, instalaram-se em todos os cantos – regiões escarpadas, tórridas, glaciais. Criaram modos de vida, sociedades, *habitats*, regimes alimentares em função do meio ambiente.

A humanidade continuou a andar, sem parar, em modestas ou grandes escalas, encadeando migrações, invasões, guerras, confrontos, êxodos, exílios. Pela marcha humana constituíram-se eixos comerciais, rotas de mercadorias e de ideias, difundiram-se doutrinas e crenças religiosas, obras poéticas, músicas, lendas... É impossível separar essa conexão profunda e permanente entre a marcha e a história humana.

Ainda mais que a própria história anda. Em cada época, não foram apenas os corpos humanos que se deslocaram, de um lugar para outro, com suas duas pernas. O que andou com eles, dentro deles, através deles, foram palavras, discursos, ideias, questões, conhecimentos, métodos, mentalidades, doutrinas, interrogações, crenças... Erros e verdades. Saberes e ilusões. A caminhada do espírito é composta desses milhares de tropeços e impulsos recuperados, dessa sequência interminável de errâncias e reencontros.

Ouvir as palavras

Se "ando como filósofo", também ouço as palavras. "Os filósofos dizem, pensando, o que todo mundo diz, sem pensar", observava, no início do século XX, Edmond Goblot, filósofo francês hoje esquecido. Acho esse comentário importante e profundo.

Um ouvido filosófico tenta ouvir o que todo mundo diz, sem pensar. Ora, frequentemente digo *faire ses premiers pas* [dar os primeiros passos] quando me refiro a uma nova empreitada, *tout marche comme prévu* [tudo caminha como previsto] quando um projeto está dando certo, *les affaires marchent* [os negócios estão andando] quando dão lucro. A aceitação de um espetáculo, filme ou livro *marche* [anda] quando o público gosta dele. *Marcher* [andar] é ter sucesso. Em francês, o termo acabou designando todo funcionamento satisfatório.

Lembro-me da expressão *ça marche*. Entre os tiques de linguagem dos anos 2000, ela acabou substituindo uma série de outras expressões: *c'est d'accord* [está certo], *compris* [entendido], *ça sera fait* [é para já], *bien noté* [anotado] etc. Todas essas expressões caíram em desuso e foram substituídas por *ça marche*. Como se o fato de *marcher* [andar] fosse obrigatoriamente um sinal de bom funcionamento, de ausência de obstáculos, de trabalho corretamente realizado.

Em inglês, o uso é diferente. Ninguém nunca diria que um motor *walks* [anda] – assim como nunca vai passar pela cabeça de um francófono dizer que seu carro "não trabalha mais" quando está avariado. Em francês, um motor, uma máquina, um mecanismo, uma operação – cirúrgica ou financeira – andam ou não andam. O francês vai dizer: "*Ça marche!*", e o inglês: "*It works*".

Esse detalhe não deve ser negligenciado. Será que um mundo no qual os motores "andam" – assim como relógios, computadores, cálculos – é diferente de um mundo no qual todos esses mecanismos "trabalham"? Para considerar que as máquinas "andam", parece-me que é preciso um tipo de animismo oculto, de antropomorfismo difuso, talvez uma empatia secreta em relação às coisas, tendo como contrapartida uma eventual diminuição de eficiência. Se um motor "anda", ele corre o risco de viver a sua vida e não lucrar como quem "trabalha"...

Você poderia dizer que "estou fazendo você andar". Porque, em francês, *faire marcher* [fazer andar] quer dizer "enganar, tapear", contar lorotas que tomamos por verdade. *Nous avons marché* significa "nós acreditamos, nós nos deixamos enganar". Nesse caso, o termo designa um espaço imaginário, e não apenas uma atividade física. Andando, seguimos em frente em uma história, um pensamento, um processo – e não em uma paisagem. Avançamos em um espaço que não é o espaço físico, embora esse espaço mental esteja incluído nele.

E se não andarmos mais?

Todo mundo pode constatar: para ir daqui ali, para trabalhar, para fazer compras, para viajar é quase desnecessário colocar um pé na frente do outro. Bastam alguns passos. As máquinas fazem o resto. Nos países mais desenvolvidos, a humanidade quase não anda mais. Permanece sentada, ou em pé, ou deitada, mas quase sempre parada.

Os que ainda andam são miseráveis, refugiados, exilados, imigrantes mais fogem da morte do que vivem, tentam escapar da guerra, da extrema pobreza, das mudanças climáticas. Os que ainda andam são fugitivos, soldados, atletas, praticantes de *trekking*, de caminhadas, de périplos singulares.

Tentemos, por um momento, perguntar-nos o que aconteceria se a humanidade não andasse mais. A resposta é simples: tudo pararia. Tudo? O tempo, o espaço, a história, a palavra e o pensamento. Se é verdade que esses diferentes níveis estão ligados, se realmente constituem elementos distintos de uma única e mesma caminhada que foi iniciada pelos seres humanos, sobre suas duas pernas, então a progressiva extinção da caminhada humana seria a extinção da humanidade sob todos os seus aspectos.

É inútil fazer soar as trombetas do Apocalipse. O fim do mundo andante não está próximo nem é certo, mas o risco não é zero. Uma humanidade que anda menos pensa menos e não tem mais história. Não é por acaso que há meio século estejamos vendo simultaneamente a motorização geral dos deslocamentos, o culto do instantâneo, o eclipse da visão do futuro e a estagnação das ideias. Também não é por acaso que, nesse imobilismo geral, a caminhada se tenha tornado uma prática e uma preocupação.

O tempo da caminhada não acabou. Hoje, com maior ou menor clareza, as pessoas estão tomando consciência da eventualidade do desaparecimento do andar e estão começando a caminhar de novo, a refletir sobre a caminhada. Escritores, cientistas, filósofos, autoridades, jornalistas, políticos, engenheiros, médicos e muitos outros fazem caminhadas como amadores, atletas ou heróis. Não se trata apenas de moda ou passatempo para manter a forma. Essa dimensão está presente, evidentemente, mas tenho convicção de que ela se apoia em outra coisa: uma base que deve ser mantida em nossa relação humana com o mundo, na lentidão do corpo avançando sobre a terra.

Se a caminhada é importante, é porque ela realmente nos "incorpora" à paisagem, porque constitui a própria medida da nossa maneira de existir. O que sabem, de maneira confusa ou não, todos aqueles que nunca vão parar de andar resume-se em poucas palavras: a capacidade de pensar e progredir depende da resistência dos bípedes.

É sem dúvida por essa razão que a caminhada deu origem a tantos estudos nos últimos anos. Nos Estados Unidos, já se fala dos *walking studies*, como há muito tempo já existem os *gender studies*. Os estudos que investigam as variações culturais e antropológicas da caminhada se multiplicam. Partindo da constatação de que as atividades mais naturais (comer, dormir, procriar) são as que os códigos culturais mais modificam, os pesquisadores investigam as mudanças da caminhada segundo as épocas, as civilizações, as classes sociais, os gêneros.

Isso é uma boa coisa e, talvez, um mau sinal.

Enfim, devemos ter em mente que o estudo minucioso das abordagens que oferece mil lições de história, sociologia e antropologia é uma boa coisa. As representações da caminhada, até agora negligenciadas, estão entrando no domínio dos objetos de pesquisa fecundos.

No entanto, essa nova atenção também pode ser lida como um sinal de declínio da própria caminhada. Nenhum caminhante "natural" sonha em escrever uma história da caminhada ou em estudar suas metamorfoses. Quem olha para a caminhada dessa forma – e tenta entendê-la – já sabe da sua fragilidade.

Felizmente, o infinito é sem saída

Por que continuar a andar? Porque a viagem dos seres humanos não tem fim. Os passos de um indivíduo param um dia. Os dos outros continuam. O que parece sem saída, na escala de uma vida limitada, na realidade é sem fim. Cada passo é ínfimo. A estrada é infinita.

Nossas caminhadas sempre terminam, a marcha nunca para. Mas tentar refletir sobre isso obrigatoriamente nos causa embaraços.

Os filósofos realmente gostam do embaraço, das situações sem saída. Eles as enfrentam com prazer, acabam morando nelas. É assim desde a Antiguidade. Os gregos chamavam de "aporias" essas questões que não sabemos como resolver.

A palavra é composta de um "a" privativo e de *poros*, que significa saída, solução. Na maior parte do tempo, imaginamos que uma aporia é um impasse, um beco sem saída, uma ruela murada, onde só podemos ficar parados, sem avançar.

Não acho que essa interpretação seja pertinente. Porque as questões sem resposta, longe de nos impedir de seguir em frente, empurram-nos, obrigam-nos a avançar continuamente.

"Andar como filósofo" significa, para mim, que nunca vou parar de ir em frente, enquanto ainda conseguir dar um passo, enquanto um sopro de vida ainda me carregar. Nessa caminhada, tenho consciência de percorrer um fragmento ínfimo da caminhada infinita da espécie humana. Porque o infinito não tem saída, pois nunca saímos dele, estamos sempre andando nele.

E isso é bom.

Referências bibliográficas

Indico, resumidamente, para cada um dos textos e relatos, as referências das citações e algumas leituras complementares.

Introdução

Sobre as hipóteses atuais da antropologia, relativas ao lugar dos grandes primatas na evolução rumo ao andar bípede, ver Pascal Picq, *La marche:* sauver le nomade qui est en nous (Paris, Autrement, 2015, col. "Les Grands Mots").

Capítulo 1 (Empédocles)

Os elementos citados estão no capítulo dedicado por Diógenes Laércio a Empédocles em *Vies et doctrines des philosophes ilustres* (trad. fr. Marie-Odile Goulet-Cazé (dir.), Paris, Le Livre de Poche, 1999, col. "La Pochothèque"), p. 980-1002.

Sobre Empédocles, remeto o leitor aos trabalhos e traduções de Jean Bollack, em particular aos três volumes intitulados *Les origines* (Paris, Gallimard, 1992, col. "Tel").

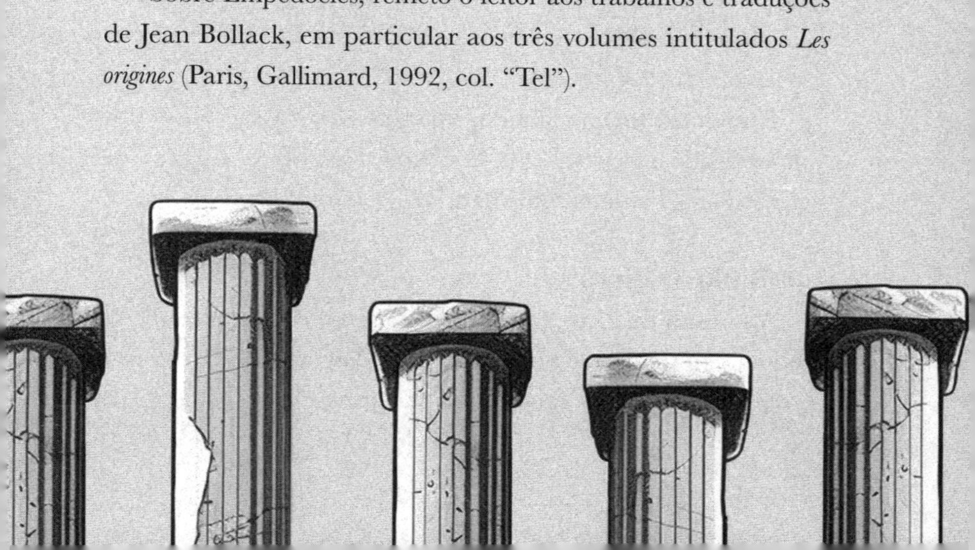

Capítulo 2 (Protágoras)

A tradução do diálogo de Platão intitulado *Protágoras* é das *Œuvres complètes*, publicadas em 2008 pela Edições Flammarion em um único volume, organizado por Luc Brisson. A passagem citada (315a e b) encontra-se nas páginas 114-42.

Sobre os sofistas e seu papel histórico real, remeto o leitor, em particular, aos dois volumes de excertos apresentados e traduzidos por Jean-François Pradeau, *Les sophistes* (Paris, Flammarion, 2009, col. "GF Philosophie"), e aos trabalhos de W. C. K. Guthrie, *Les sophistes*, Paris, Payot, 1988, e Mario Untersteiner, *Les sophistes* (Paris, Vrin, 1993), t. I e II.

Capítulo 3 (Platão)

A tradução da *República* de Platão é das *Œuvres complètes*, publicadas em 2008 nas edições Flammarion, em um único volume, organizado por Luc Brisson.

Capítulo 4 (Aristóteles)

Os elementos citados aparecem no capítulo dedicado por Diógenes Laércio a Aristóteles em *Vies et doctrines des philosophes ilustres* (trad. fr. Marie-Odile Goulet-Cazé (dir.), Paris, Le Livre de Poche, 1999, col. "La Pochothèque"), p. 555-93.

Para uma primeira abordagem sobre Aristóteles, veja o capítulo dedicado a ele em Roger-Pol Droit, *Une brève histoire de la philosophie* (Paris, Flammarion, 2010, col. "Champs Essais").

Capítulo 5 (Pirro)

A história de Pirro, que abandona seu mestre, Anaxarco de Abdera, em um buraco é contada por Diógenes Laércio, *Vies et doctrines des philosophes ilustres* (trad. fr. Marie-Odile Goulet-Cazé (dir.), Paris, Le Livre de Poche, 1999, col. "La Pochothèque"), livro IX, § 63, p. 1101.

Sobre esse filósofo, veja o livro de Marcel Conche, *Pyrrhon ou l'apparence* (Paris, PUF, 1994).

Capítulo 6 (Diógenes de Sinope)

A cena em que Diógenes de Sinope observa o camundongo é contada por Teofrasto e repetida por Diógenes Laércio, *Vies et doctrines des philosophes ilustres* (trad. fr. Marie-Odile Goulet-Cazé (dir.), Paris, Le Livre de Poche, 1999, col. "La Pochothèque"), livro VI, § 22, p. 705. O livro VI (p. 703-47) reúne as diversas provocações e afirmações atribuídas a esse filósofo cínico.

Para conhecer essa filosofia, veja Marie-Odile Goulet-Cazé, *L'ascèse cynique* (Paris, Vrin, 2000).

Capítulo 7 (Sêneca)

A melhor tradução francesa das *Cartas a Lucílio* é a de Paul Veyne, em Sêneca, *Entretiens, Lettres à Lucilius* (Paris, Bouquins, 1993). A tradução de *Da brevidade da vida* é a de Pierre Pellegrin, em Sêneca, *La vie heureuse – La brièveté de la vie* (Paris, Flammarion, 2005, col. "GF Philosophie").

Esse texto toma várias observações de Timothy M. O'Sullivan, *Walking in Roman Culture* (Cambridge, Cambridge University Press, 2011).

Capítulo 8 (Apolônio de Tiana)

O texto grego e a tradução de A. Chassang (1862) de *Vie d'Appollonius de Tyane de Philostrate* estão disponíveis no *site* www.remacle.org.

Para um primeiro contato com as relações entre filósofos gregos, egípcios e indianos na Antiguidade tardia, veja Roger-Pol

Droit, *Généalogie des barbares* (Paris, Odile Jacob, 2007), em particular o capítulo VII, "Philosophes mutants", p. 103-119.

Capítulo 9 (Buda)

Para uma primeira abordagem da doutrina budista, veja Walpola Rahula, *L'enseignement du Boudha d'après les textes les plus anciens* (Paris, Le Seuil, 2004, col. "Point"). Para um estudo aprofundado, consulte os trabalhos de André Bareau, em particular *Recherches sur la biographie du Buddha dans les Sutrapitaka et les Vinayapitaka anciens:* de la quête de l'éveil à la conversion de Sariputra et de Maudgalyayana (Paris, École Française d'Extrême-Orient, 1963).

Para um estudo dos paradoxos do discurso budista, veja Roger-Pol Droit, *Le silence du Bouddha* (Paris, Hermann, 2010).

Capítulo 10 (Lao Zi)

Das inúmeras traduções do *Tao te Ching*, usei a de Stephen Mitchell, *Tao te King* (Paris, Synchronique, 2008).

Capítulo 11 (Confúcio)

Das inúmeras edições de *Entretiens de Confucius et de ses disciples*, a mais acessível é a tradução de Pierre Ryckmans (Paris, Folio, 2005). Veja também, como primeira introdução, Jean Lévi, *Confucius* (Paris, Albin Michel, 2003).

Capítulo 12 (Hilel)

Sobre Hilel, veja o livro de Mireille Hadas-Lebel, *Hillel, un sage au temps de Jésus* (Paris, Albin Michel, 2005).

Capítulo 13 (Shânkara)

A melhor introdução à obra de Shânkara é a de Michel Hulin, *Shankara et la non-dualité* (Paris, Bayard, 2001).

Capítulo 14 (Milarepa)

Excelentes *Œuvres complètes* de Milarepa estão disponíveis em francês, traduzidas do tibetano por Marie-José Lamothe (Paris, Fayard, 2006).

Capítulo 15 (Guilherme de Ockham)

Veja *La somme de logique* (trad. fr. Joël Biard, Mauvezin, Trans--Europ-Repress, 1989), e o estudo de Pierre Alfiéri, *Guillaume d'Ockham le singulier* (Paris, Minuit, 1989).

Capítulo 16 (Montaigne)

Esse texto retoma alguns elementos do capítulo "Le branle de Montaigne" em Roger-Pol Droit, *La compagnie des philosophes* (Paris, Odile Jacob, 1998), p. 81-4.

Dentre os inúmeros livros sobre Montaigne, escolhemos as publicações recentes de Antoine Compagnon, *Un été avec Montaigne* (Paris, Parallèles, 2013); Sarah Bakewell, *Comment vivre? Une vie de Montaigne* (Paris, Le Livre de Poche, 2014); e a biografia inovadora de Cristophe Bardyn, *Montaigne, la splendeur de la liberté* (Paris, Flammarion, 2015).

Capítulo 17 (Descartes)

Os textos de Descartes podem ser consultados em edições de bolso e também *online*. Para orientar a leitura, consulte, por exemplo, Pierre Guenancia, *Lire Descartes* (Paris, Folio, 2000); e o livro coletivo de Denis Kambouchner e Elodie Cassan (dir.), *Lectures de Descartes* (Paris, Ellipses, 2015).

Capítulo 18 (Diderot)

Os textos de Diderot também podem ser consultados em edições de bolso e *online*. Esse capítulo nasceu das inúmeras observações de Jean Starobinski, *Diderot, un diable de ramage* (Paris, Gallimard, 2012).

Capítulo 19 (Rousseau)

Para uma abordagem filosófica de Rousseau, veja Paul Audi, *Rousseau, une philosophie de l'âme* (Rieux-en-Val, Verdier, 2008).

Capítulo 20 (Kant)

Para uma biografia de Kant, veja Arsenii Goulyga, *Immanuel Kant, une vie* (Paris, Aubier, 1993). Para uma primeira abordagem, veja o capítulo dedicado a ele em Roger-Pol Droit, *Une brève histoire de la philosophie* (Paris, Flammarion, 2010, col. "Champs Essais").

Capítulo 21 (Hegel)

Sobre os cinco dias de caminhada de Hegel pela montanha, de 25 a 31 de julho de 1796, veja G. W. F. Hegel, *Journal d'un voyage dans les Alpes bernoises* (Sainte-Agnès, Jérôme Millon, 1998). Para uma biografia, veja Jaques d'Hondt, *Hegel* (Paris, Calmann-Lévy, 1998).

Capítulo 22 (Csoma de Kőrös)

A melhor biografia de Alexander Csoma de Kőrös continua sendo a de Theodore Duka, *Life and Works of Alexander Csoma de Kőrös* (Londres, Trübner, 1885). Sobre esse pioneiro dos estudos tibetanos, veja também Roger-Pol Droit, *L'oubli de l'Inde:* une amnésie philosophique (Paris, PUF, 1989), e *Le culte du néant:* les philosophes et le Bouddha (Paris, Le Seuil, 1997, reed. 2004, col. "Points Essais").

Capítulo 23 (Marx)

Os textos citados podem ser facilmente consultados *online*.

Capítulo 24 (Thoreau)

A tradução francesa mais acessível de *Walking* é a de Thierry Gillybœuf, em Henry David Thoreau, *De la marche* (Paris, Mille et Une Nuits, 2003).

Capítulo 25 (Kierkegaard)

As cartas citadas estão em Søren Kierkegaard, *Correspondance* (trad. fr., apr. e anot. Anne-Christine Habbard, Paris, Syrtes, 2003). Sobre o pensamento desse autor, veja, em particular, Vincent Delecroix, *Singulière philosophie:* essai sur Kierkegaard (Paris, Le Félin, 2006).

Capítulo 26 (Nietzsche)

Os textos citados foram extraídos de Nietzsche, *Œuvres* (dir. Jean Lacoste e Jacques Le Ridder, Paris, Bouquins, 1993), 2 v. Sobre Nietzsche e o andar, veja o excelente capítulo: "Pourquoi je suis si bon marcheur", em Frédéric Gros, *Marcher, une philosophie* (Paris, Carnets Nord, 2009).

Capítulo 27 (Wittgenstein)

Sobre a vida de Ludwig Wittgenstein, consulte em particular Ray Monk, *Le devoir de génie* (trad. fr. Abel Gershenfeld, Paris,

Flammarion, 2009), e Christiane Chauviré, *Wittgenstein* (Paris, Le Seuil, 1989).

Para uma primeira abordagem, veja os capítulos dedicados a Wittgenstein em Roger-Pol Droit, *La compagnie de philosophes* (Paris Odile Jacob, 2010), e *Une brève histoire de la philosophie* (Paris, Flammarion, 2010, col. “Champs Essais”).

Orientação bibliográfica

Para quem quiser aprofundar a leitura, deixo aqui, em ordem alfabética, os principais ensaios ou antologias que acompanharam meu trabalho, entre os inúmeros trabalhos dedicados à caminhada e aos textos que ela inspirou. Quando o local da publicação não é indicado, trata-se de Paris.

BAECQUE, Antoine de. *Une histoire de la marche*. Perrin, 2015.

______. *La traversée des Alpes:* essai d'histoire marchée. Gallimard, 2014, col. "Bibliothèque des Histoires".

GILBERT, Roger *Walks in the World:* Representation and Experience in Modern American Poetry. Princeton, Princeton University Press, 1991.

GROS, Frédéric. *Marcher, une philosophie*. Carnets Nord, 2009.

LAMOURE, Christophe. *Dictionnaire philosophique et vagabond de la marche (et du marcheur…)*. Milan, 2013.

LE BRETON, David. *Marcher: éloge des chemins et de la lenteur*. Métailié, 2012, col. "Suites".

MAUBERT, Frank. *L'homme qui marche*. Fayard, 2015.

O'SULLIVAN, Timothy M. *Walking in Roman Culture*. Cambridge, Cambridge University Press, 2011.

PICQ, Pascal. *La marche:* sauver le nomade qui est en nous. Autrement, 2015, col. "Les Grands Mots".

SOLNIT, Rebecca, *Wanderlust:* A History of Walking. Londres/ Nova York, Verso, 2001. Ed. fr.: *L'art de marcher*. Trad. Oristelle Bonis. Actes Sud, Babel, 2004.

VIVERET, Patrick; BAUDIN, Mathieu. *Le bonheur en marche*. Chamonix, Guérin, 2015.

Antologias

BAECQUE, Antoine de (Org.). *Écrivains randonneurs*. Omnibus, 2013.

______. (Org.). *Les voix de Compostelle, de saint Augustin à Jean-Christophe Rufin*. Omnibus, 2015.

GROS, Frédéric (Org.). *Petite bibliothèque du marcheur*. Flammarion, 2011, col. "Champs Classiques", 2011.

Do mesmo autor

Para mais informações, acesse www.rpdroit.com.

Pesquisas filosóficas

L'oubli de l'Inde: une amnésie philosophique. Paris, PUF, 1989. Nova edição revista e corrigida, Paris, Le Livre de Poche, col. "Biblio Essais", 1992. Reedição, Paris, Le Seuil, 2004, col. "Points Essais".

Le Culte du néant, les Philosophes et le Bouddha. Paris, Le Seuil, 1997. Reedição, Paris, 2004, Le Seuil, col. "Points Essais".

Généalogie des barbares. Paris, Odile Jacob, 2007.

Les héros de la sagesse. Paris, Plon, 2009. Reedição, Paris, Flammarion, 2012, col. "Champs Essais.

Le silence du Bouddha. Paris, Hermann, 2010.

Com Monique Atlan:

Humain: une enquête philosophique sur ces révolutions qui changent nos vies. Paris, Flammarion, 2012. Reedição, Paris, Flammarion, 2014, col. "Champs Essais".

L'espoir a-t-il un avenir? Paris, Flammarion, 2016.

Explicações filosóficas:

La compagnie des philosophes. Paris, Odile Jacob, 1998. Reedição. Paris, Odile Jacob, 2002, col. "Poches". Reedição, Paris, Odile Jacob, 2010, col. "Bibliothèque".

La compagnie des contemporains: rencontres avec des penseurs d'aujourd'hui. Paris, Odile Jacob, 2002.

Les religions expliquées à ma fille. Paris, Le Seuil, 2000.

La philosophie expliquée à ma fille. Paris, Le Seuil, 2004.

L'Occident expliqué à tout le monde. Paris, Le Seuil, 2008.

L'éthique expliquée à tout le monde. Paris, Le Seuil, 2009.

Une brève histoire de la philosophie. Grande Prêmio do Livro dos Professores da Sciences Po, 2009. Paris, Flammarion, 2008. Reedição, Paris, Flammarion, 2010, col. "Champs Essais".

Osez parler philo avec vos enfants. Paris, Bayard, 2010.

Vivre aujourd'hui avec Socrate, Épicure, Sénèque et tous les autres. Paris, Odile Jacob, 2010. Reedição, Paris, Odile Jacob, 2012, col. "Poches".

Maîtres à penser: 20 philosophes qui ont fait le XXe siècle. Paris, Flammarion, 2011. Reedição, Paris, Flammarion, 2013, col. "Champs Essais.

Ma philo perso de A à z. Paris, Le Seuil, 2013.

La philosophie ne fait pas le bonheur… et c'est tant mieux ! Paris, Flammarion, 2015.

Qu'est-ce qui nous unit ? Paris, Plon, 2015.

Experiências e contos filosóficos:

101 expériences de philosophie quotidienne. Paris, Odile Jacob, 2001. Prêmio do Ensaio France-Télévision, 2001. Reedição, Paris, Odile Jacob, 2003, col. "Poches".

Dernières nouvelles des choses: une expérience philosophique. Paris,

Odile Jacob, 2003. Reedição, Paris, Odile Jacob, 2005, col. "Poches".

Votre vie sera parfaite: gourous et charlatans. Paris, Odile Jacob, 2005.

Un si léger cauchemar. Paris, Flammarion, 2007.

Où sont les ânes au Mali? Paris, Le Seuil, 2008.

Petites expériences de philosophie entre amis. Paris, Plon, 2012. Reedição, Paris, 2013, Poche Marabout.

Si je n'avais plus qu'une heure à vivre. Paris, Odile Jacob, 2014. Reedição, Paris, Odile Jacob, 2015, col. "Poches".

Obras coletivas:

La chasse au bonheur, com Antoine Gallien, Paris, Calmann-Lévy, 1972.

La réalité sexuelle: enquête sur la misère sexuelle en France, com Antoine Gallien, prefácio de Pierre Simon, Paris, Robert Laffont, 1974.

Philosophie, France, XIXe siècle, com Stéphane Douailler e Patrice Vermeren, Paris, Le Livre de Poche, 1994, col. "Classiques de la Philosophie".

Des idées qui viennent, com Dan Sperber, Paris, Odile Jacob, 1999.

Le clonage humain, com Henri Atlan, Marc Augé, Mireille Delmas-Marty e Nadine Fresco, Paris, Le Seuil, 1999.

La liberté nous aime encore, com Dominique Desanti e Jean-Toussaint Desanti, Paris, Odile Jacob, 2002. Reedição, Paris, Odile Jacob, 2004, col. "Poches", 2004.

Fous comme des sages: scènes grecques et romaines, com Jean--Philippe de Tonnac, Paris, Le Seuil, 2002. Reedição, Paris, Le Seuil, 2006, col. "Points Essais".

Michel Foucault, entretiens. Paris, Odile Jacob, 2004.

Chemins qui mènent ailleurs: dialogues philosophiques, com Henri Atlan, Paris, Stock, 2005.

Vivre toujours plus? com Axel Kahn, Montrouge, Bayard, 2008.

Le Banquier et le philosophe ? com François Henrot, Paris, Plon, 2010.

Organização de obras coletivas:

Présences de Schopenhauer. Paris, Grasset, 1989. Reedição, Paris, Le Livre de Poche, 1991, col. "Biblio Essais".

Science et philosophie, pour quoi faire? Primeiro fórum *Le Monde*, Le Mans, Le Monde Éditions, 1990.

Les Grecs, les Romains et nous: l'Antiquité est-elle moderne? Segundo fórum *Le Monde*, Le Mans, Le Monde Éditions, 1991.

Comment penser l'argent? Terceiro fórum *Le Monde*, Le Mans, Le Monde Éditions, 1992.

L'art est-il une connaissance? Quarto fórum *Le Monde*, Le Mans, Le Monde Éditions, 1993.

Où est le bonheur? Quinto fórum *Le Monde*, Le Mans, Le Monde Éditions, 1994.

L'avenir aujourd'hui: d*épend-il de nous?* Sexto fórum *Le Monde*, Le Mans, Le Monde Éditions, 1995.

Philosophie et démocratie dans le monde: une enquête de Unesco. Prefácio de Federico Mayor, Paris, Le Livre de Poche/ Éditions Unesco, 1995.

Jusqu'où tolérer? Sétimo fórum *Le Monde*, Le Mans, Le Monde Éditions, 1996.

Agir pour les droits de l'homme au XXIe *siècle*. Em colaboração com Federico Mayor, Paris, Éditions Unesco, 1998.

Lettres aux générations futures. Em colaboração com Federico Mayor,

Éditions Unesco, 1999.

Philosophie/ lycée. Genebra, La Cité, 2000, col. "Manuel +". Reedição revista e aumentada, Paris, Bordas, 2004.

L'humanité toujours à construire: regard sur l'histoire intellectuelle de l'Unesco 1945-2005, Paris, Éditions UNESCO, 2005.

Philosophies d'ailleurs. Paris, Hermann, 2009. 2 v.

Vivre ensemble: entre temps court et temps long. Forum du CESE sur le vivre ensemble. Paris, PUF, 2013.

Figures de l'altérité. Paris, PUF, 2014.

Vivre ensemble: entre richesse et pauvreté. Forum du CESE sur le vivre ensemble. Paris, PUF, 2014.

Vivre ensemble: entre unité et diversités. Forum du CESE sur le vivre ensemble. Paris, PUF, 2015.

Vivre ensemble le changement climatique: entre agir et subir. Forum du CESE sur le vivre ensemble. Paris, PUF, 2015.

Os livros de Roger-Pol Droit são traduzidos em 32 línguas.

1ª edição setembro de 2025 | **Fonte** Baskerville
Papel Luxcream 70g/m² | **Impressão e acabamento** Imprensa da Fé